剣道家・久保昭の
清廉なる武道人生

人間と剣の
哲学的思考

大田 学

BAB JAPAN

はじめに

日本中で、いや世界的な規模にまで問題になっている新型ウィルス感染は人類の危機とまで言われるほどであり、かつてないような経験をしいられている。このウィルスがどのように発生して感染し、拡大したかを明確に説明できる医療関係者はほとんどいない。それゆえに感染を防ぐ確実な処理方法も見出せないまま時間だけが無情にも過ぎていくことを止めることができないのである。ある学者が四月になってから、貴重な論説を熱心に語っていた。そこでは「機械化されたことでの人間の免疫能力の低下と、人間に都合の良い思惟的な変化を加えて生き物を組み替えていることなどの反動かもしれない」ということのようである。

人間が幸福へのあくなき追求と、他国よりさらに先を行く社会と他者より高度な生活を求めて勝つことだけの人生を目指して奔走していたとも言い換えられるものだ。だから子供たちまで、多くの金銭が得られる職業を目標に幼児から家族中で熱心になっている。その傾向は日本人には顕著な事実ではないだろうか。とかく両親は、スポーツ選手に仕立てて子供を曜日ごとに習い事の予定を組んで休む時間を与えない。子供は派手なユニホームを身に着けると英雄にでもなったかのように錯覚させられて、肉体と精神が疲れ果てるまで気づかないで毎日を送っているのだ。これでは子供の思考力や判断力が身につかないうちに、心身が追いつかない。

人間は何でも競争させられて、本来の在り方、「自然から生かされている」ことを忘れかけてはいないだろうか。人間は植物や動物の中で生きられるから、生命を「いただいて生きていること」を忘れてはならない。

日本人には、謙虚な態度、謙譲の精神、尊敬と感謝の心等を意味する武道精神が脈々と先人から受け継がれてきた。だがこの数十年間で、日本社会と日本人は大きく変わってしまったようだ。昭和から平成と変わり、令和の時代になってまもなく新型ウイルスが与えられる事になった。外出や他人との接近を避けなければならない今こそ、もう一度原点から見直す機会を与えられた気がするのだ。

武道を貫いた柔道家木村政彦氏は、一時的な活動は批判されてはいるが、武道に生きた人間を生涯精一杯生きた。彼は考えて考える柔道家で、研究家、革新的な努力家でもあり、哲学者のようでもあった気がするのである。人間が真剣に生きる意味は何か、人間は何を求めて生きるのか、ということを深く考え、根底から基礎の部位から考え抜いた。だが残念にも生きることの目的を発見するには至らなかったのだ。それほどに生きることは難しくもあり、生きることの意味を見いだすことが困難なのである。

現在に残る最後の武道家、久明館の久保昭館長の、先代から受け継いだ、重要でかつ人間に必要な精神を再発見して、これからの人生に活かして生きてほしいと願うばかりである。

2020年8月

大田　学

目次

序章

一般的に武道とは、「生死を追究するほどに修行を基礎においているから心を動揺させない精神、つまり不動心が最重要ということができる」のである。特に剣道の四戒には、「おどろきもせず、恐れもせず、疑いもせず、迷わない」ことがあり、それは感情に左右されない強靭な精神力の境地を意味するものといえるのだ。それでは日本に、武道と呼ばれる日本文化は現在存在するのか、あるいは存在するなら何であるのか、そのものは古来の武士道と同等のものか、異なるのかなどという議論は際限がない。

今日の日本で、武道と呼ばれるものには「剣道、柔道、空手あるいは合気道、または弓道」であり、時には相撲まで武道に含まれることもある。武道は武術とも呼ばれるし、武芸とも言い、はっきりしていない武道の定義が曖昧であって、広義的に解釈されれば乗馬や薙刀も含まれても不思議ではない。なぜなら武道は以前には武芸（中国では武術や武芸と今日でも呼ばれている）であり、武芸十八般と呼ばれている、いや日本でもそのように江戸時代ごろまで言われていたのだ。剣道は歴史的にみても武道が実戦を前提に精神の修養を目的にしているから、戦国時代以前から生きる手段として武術の中心であって、技術や剣の構造も変化してきた。日本独特の剣の形は、片側の刃・日本刀になって日本独自の存在になるが、元来から剣自体が神器の一つに崇められ、武士の魂にまで発展を遂げたのである。

日本において現代の剣道が武道かスポーツかということは議論するまでもなく、武道の代表的な存在であることに異論はない。なぜかというなら、実戦的ではない竹刀であっても真剣のごとくに撃ち合い、武道の技を実践し、精神の修行を目的としているからである。剣道以外の武道と呼ばれている武術は、全国的に何処でもスポーツ化してただ勝敗だけに執着しての競技大会が主流だから、凡そ本来の武道の本質とは、異質のものとみても差し支えがない。勿論、どの団体もその様ではないにしても、大同小

久明館　久保昭館長

異と言っても過言ではない。今日全国的には剣士の気迫に大きな覇気を感じるのだが、数年前よりは精神を重視するのではなく、上位の有段数の取得だけを目標に努力を重ねる剣士が多く、他人より上位になるだけを目指し、剣道の各大会に焦点を合わせての稽古に終始している事が現状だと判断できるのが残念である。

日本の文化であるはずの武道が、武術と精神を重視して礼儀正しい民族、謙虚で奢らない人間と評価されたことはもう遠い昔のことなのであろうか。日本で数十年前に、劇場公開された「永遠なる武道」というドキュメンタリー映画が、アメリカ人の監督によって製作されて注目を浴びた。これはアメリカ人から見た武道を忠実に再現して武道の本質と人間の限界に挑戦している武道家を紹介し、武道精神と礼儀の文化を紹介してくれた映像の連続で、日本人である我々はこの映画を絶賛するものと製作者と全国の武道家は自負していた。

しかし、皮肉にもアメリカでは評価が高く、映画賞を獲得したものの、日本では観客動員が予想していた半分

中村泰三郎先生

以下で、映画は数週間で上映が中止されたのだった。映画の中心は、剣術家である中村泰三郎（中村流八方斬り創始者・故人）であり、その剣捌き・刀術は神業とさえ絶賛されたのだ。中村泰三郎範士の稽古は有名で、実戦を重視した訓練であり、八方斬りの中心を「心」という文字に一致させて完成させたというものだ。それほどに心・精神を第一に掲げて剣の道を全うしていたのである。

今日、なお武道の精神を六十年もの間、見事に一貫しての修行と指導に全精力をかけて、日本だけではなく全世界に生命を捧げてきた日本唯一の武道家が東京に健在であった。東京の板橋区に六十二年間の歴史を刻んで、日本武道の衰退を制止して武道の復権に尽力している剣道の指導者こそ、久保昭久明館館長その人である。この武道家は竹刀一本で南はニュージーランド、オーストラリア、西洋はチェコスロバキア（現チェコ共和国、スロバキア共和国）、イギリス、フランスそしてアメリカの各都市や約五十数か国に剣道普及の旅に出かけて行った。僅かな金銭と豊富な若年の知識は、二十代半ばの青年には恐怖心と好奇心が入り交じる中、幼少から師匠である実の父から指導を受けてきたことで、剣を信じ剣に生きようとする強い意志が、臆する心を持たせなかった。それがやがて久保昭の栄光の証となるにはさらに何年もの月日が必要であった。

米国セオドア・ルーズベルト大統領の曾孫トウイード・ルーズベルト氏が永年にわたり切望していた久明館での剣道と居合道の修行を快く受け入れ、汗を流したことは剣道関係者の中で知らない者はいないほどである。また、東京オリンピックの金メダリストでいらっしゃるベラ・チャフラフスカさん（元チェコ大統領顧問）は久明館が指導する約十万人の剣士からの協力を得て、チェコの日本武道文化センター建設に参加し、生徒たちの日本語、茶道、華道さらには生活面まで人間の育成に尽力したのであった。これは日本に滞在していた彼女が久保館長からの精神を受け継いだもので、チェコスロバキアにとってはかけがえのない財産として今でも語り継がれていることは言うまでもない。

久明館という剣道場の、ただ剣道の技術を教授するだけではない人間を育てよう、日本民族をより良い人間形成するようにとの願いはどの武道場にも存在しない、稀有な空間であった。久明館館長の業績と社会貢献は、青少年の育成と人間の道徳教育、武道精神を確立する目的の書道教室や合宿指導、剣道の遠征稽古では国内外に赴いて、生活を共にしての人間教育であった。努力を惜しむことなく、久明館の精神は全国的に展開されていたそんな中、一九九六年十月に、久明館の内弟子でチェコスロバキアのスターニャ・シュラムコバさんが天皇ご一家から招待を受けたのは、彼女の礼儀正しさや日本語の気品さ美しい表現に絶賛されたからであった。このような体験は、久明館の久保館長の厳格な武道精神の指導と徹底した武道家としての信念を持ち得ていることにあるのだ。現代は、機械化されて何でも何処でも簡単に取得することが可能であるが、人間が便利な裏側でもある楽にして学び、何でも即席に完成しなければならないとの錯覚をする。

武道の技にしても武道の精神であっても、数か月や一年余りでは体得することは不可能であろう。久保館長の指導は、剣道技は基礎の基礎からその人間に応じて、早ませたり遅らせたりして、日本語がわからない海外人には、得意の英語を簡単な表現でしっかり相手の目（剣道の青眼）を注視して納得させることに神経を集中させた、合理的で、明確、時に厳しく時に優しく愛情をもった教授法を採用した。これは長年、海外で生活し、外国人と接して人間を観察し、様々な民族との交流体験から培われた久保昭先生だからこそできることで、日本だけで稽古した剣士たちとは大きく異なる点である

またユニークな久明館の剣士の体験として、世界的なデザイナー・山本寛斎氏からの要請でファッションショーに久明館少年部が出演して礼儀正しさと気迫のある技を全国に紹介した。山本氏は初めての試みであったから、始まるまでは不安で心配していたが、ショーが徐々に盛り上がりを見て安心し、自分まで興奮してしまったことを久保館長に終了後に伝えた。

それ以後は芸能人や政治家が久明館に来館したが、久保館長はいつものように真剣な指導を同じ様に行った。久保昭館長は、身分や民族、性別、年齢に関係なく剣道の奥深さを説いて、技術的には各個人の力量に合わせた堅実な方法を基礎にした。武道精神をしっかり維持し、世界に普及活動していることには誰もが感動と感謝の念を抱かざるを得なかったことは誰も否定できない。

今日、日本の武道は確かに、衰弱してしまったことは否めない。平和な時代になることで危険がなくなり、競技での実戦のみが重視されて勝つことにだけ終始執着する人間とその関係者がほとんどである。

ファッションデザイナー　山本寛斎氏（写真左）と久保昭館長。

山本寛斎氏のファッションショーに出演した少年部の剣士たち。

「人間が動物から人間になる」と言ったのはフランスの思想家ルソーだが、それは闘争の本能が一番大切であるというのではなく、相手への尊敬や感謝の心が最重要であるというのである。自分が勝つためには、相手があり、相手が負けなければ勝てないという原理を知れば、当然に相手への敬意も生まれるであろうし、謙譲の精神も自然と自分の心に芽生えるのである。

剣の道の原点がこのような自己の心に宿すまでには、長い地味な修練が不可欠なのである。剣の指導者を父に持ち、父を超えようとしている久保昭二代目館長の研ぎ澄まされた姿勢には、武道家を越えた人間を形成させようとする確かな完成した精神の確立がみられる。武道家として最も輝いている人間の軌跡をここに再現して日本人とは何なのか、人間とはどのようにあるべきかを検証してみたいのである。

久明館という剣道場の特異な活動は、青少年の育成にあたって多種多彩な実績を上げている。その中でも全く異質で通常の先生が想定もしないことで傑出したものの一部をはじめに紹介しておこう。

その一つは「竹刀のない稽古会」と呼ばれるものである。久明館スピーチコンテスト「僕の主張、私の主張」がある。これは久保館長が予め子供達に主題を提案しておいて一人ひとりが順次審査員と保護者など多くの面前で、発表するものである。順位を争うだけではなく、お互いの作文をよく聞くことや相手を理解するという広い心を育みながら日本語を正しく使うこととともにしっかりと文字を書くことの修練に直結するという言わば国語力の向上、人の前に立って堂々と話せる自信、勇気、平静を保つ心をも育成する目的なのであった。

久保館長は、初代館長の意向である「剣道は単なる技術の指導ではなく、人間教育」を基礎において いるから青少年教育が念頭から離れることはない。ここには、学校では絶対に学べない実践的生きた教育がされているものと理解できる。二代目の館長として久保昭は、父であり、初代館長の教えをしっかり守りその大きな型から飛び出すことが、久明館の中心的な思考である「守破離」の実践であると確信しているのである。

事実、久保昭館長は海外に飛び出して剣道の普及に活動したが、このことが「破」という見方もできる。そして両親が病に倒れると、久保館長は一大決心して東京久明館を維持して指導に全力で努めることが「離」に相当するものといえる。つまり、久保館長の生きざま自体が武道の精神あるいは奥義ともいえる「守破離」をそのまま実践して自己を形成し、そのまま生徒に指導して武道の真髄を教授し続けていると言えるものである。

もう一つにユニークな活動として、「那珂川河畔鮎と益子焼を楽しむ会」という体験が実施された。茨城県の北部に流れる那珂川は、栃木県から茨城県、最後は太平洋まで到達する大きな川である。久保館長は子供達に、鮎を「やな」という竹の縁台に群がる中で、手掴みによる捕獲を体験させるのである。これは本物の生き物を手にして生き物の尊さ、命の大切さを実感させる。これによって動物や生物への思いやりと命の尊さを胸奥まで刻んで優しさを育てようとの思いであった。また、益子焼を経験させることで、この地を見出した浜田氏を知り、焼き物の文化を知ることで日本の良さを海外の人たちに案内できると久保館長は考えたのだ。日本人たちが母国の優れた伝統、武道、文化をもっと世界に発信するべきだ、と考えていた久保昭の姿勢の表れでもあった。

久明館の魅力は、久保館長の思考や主張、信念が基本になってはいるが、そこに集う人々がこれらを理解して協力する態度と精神が存在することである。別の表現をするなら、久保昭館長の武道家としての精神と技術そしてその人柄を理解し、尊敬し、謙虚に受け止めているということである。ここには、日本の武道として文化として剣の道を極めて、社会貢献するという大前提が心に生き続いているのだ。日本だけではなく、世界的に営利主義、あるいは資本主義に陥ってしまい、人間の根源である優しさ、思いやりが欠如しているようでもある、とみるのは単に穿った偏見であろうか。機械化が人間を冷たい心のない金属にでもしていくように、日々が凍り付いた物質に変遷していくような錯覚をしているだけであろうと信じたい。

地球が変化して温暖化し、人間の思惟的行動で動物や生物が狭い地球から追い出されようとしている。生態系が人間によって変えられ、宇宙までが人間により操作されて人間の都合に合わせられている。日本人だけではなく、世界の人たちは武道精神を取り戻して地球規模で、人間を見直す必要があると考えるべき時期にきたのである。ここに敢えて武道という観点からヒューマニズムを世に問いたい。

第一章では、平成二十九年十一月で六十年間を迎えての久保館長の決意と抱負を紹介しながら、いかにして関係者や剣士の協力によって成立したか、昭和、平成から令和の時代へ向かっての目標を紹介し、第二章では、初代館長から指導を受けて剣道に専念した時代を公開して武道本質を追究する。第三章と第四章以下では、久保昭の青年期を再現して、剣道を別の角度からつまり海外から日本の武道を見つめて良さと尊さを再確認してみる。日本にとって武道は、何であるかを問いただし、スポーツとは違う基礎体力の向上や精神強化の大切さを再確認してみるのである。

今だからこそ、武道は日本から世界に絶賛されて、世界に普及した。しかし日本では衰退の一途をたどり、今や消滅寸前と言えなくもない。

剣道という武道に限らないが、武道などこの近代的な産業の中で果たして必要であるのか、という声が聞かれているのだ。少年たち少女たちが武道を嫌っているのではない。子供たちの両親が、将来的に役立つことはないから、それより進学塾に通わせるかスポーツ選手にして契約金と年間の報酬金を稼ぐ方がよいとしてわざわざ武道の稽古に励んでいる事を中止させてしまうのだ。

「現代はハイテクの時代です。インターネットで生活できますから。え、健康のためですって？　健康食で足りています。護身術ですか、それは大丈夫、危険なんてありません。危険になれば警察にすぐスマホですから」

このお母さんの意見も間違いではないだろう。武道を今日の社会に重ね合わせ、対比させたことでは正しいとは言えないが遠からず一理あるとみられる。

武道とスポーツを同じようにみることに、無理があり、単に勝敗を争うことは比べるものでもないし比べようがないことを忘れてはならない。武道は日本人の特異な存在というより世界の人間にあるべき人間の姿・精神・心の在り方である事をもう一度確認してほしい。スポーツにしても芸術にしても勉学であっても、活動するのは地球上の人間であって、その人間には共通して「優しさ、いたわり、謙虚さ」などの人間としての精神の基本が必要なのである。

剣道は武道を代表する実践訓練であり、人間が人生を豊かに生きる必須の運動芸術なのである。今だからこそ機械化された社会、人間が機械に支配されようとしている社会、金銭が最高の神になったかのように利潤を誰もが求める社会に、あえて最高のヒューマニズムを世に問いたい。

本当に人間に必要なものは、何であるのか、目に見えるものつまり物質か、物体か、それとも目に見えない何者か、答えは己自身が自然と導き出せるに違いない。

久明館六十周年
久保昭二代目館長の指導理念

第一章

第一節　二代目の重圧

久明館は、久保昭の父である久保嘉平が、警視庁剣道助教を辞職して昭和三十二年十一月一日、現在の板橋区赤塚新町に開設した（久保嘉平は当時、剣道教士七段・居合道教士七段）。久保嘉平は、知人や同輩、親類にまで反対されたが、それでも将来を担う剣士を育成しようとして資金を銀行と縁者を納得させての、強引ともみられる剣道場開設でもあった。

久保昭は、巣鴨中学校に入学して一年半、中学二年生の十一月三日（文化の日）は何事にも積極的で好奇心旺盛のまっただ中だった。久保少年は父親の心境を知るはずもなく、徐々に完成していく剣道場を眺めては、「日本一の剣道家になって海外の人と交流し、友人を創ってともに剣道をやるんだ」と大きな野望を抱いては胸を膨らませていたのであった。

ただ、小学校の高学年頃からは、通常の少年にとって自我が芽生える時期であり、何かと両親や近所の年配者に反発してしまういわゆる思春期の始まりでもある。しかし、昭少年にはそんなこととは無関係で、ただ父親先生の教授「思いやりのある強く優しい人間になれ」とのことを素直に受け止めて稽古に励んでいた。完成した道場と自宅が近所の人や剣道関係者、警視庁からの訪問客でごった返す中、昭は母や弟たちと会場整理に大忙しであった。

道場開設の式典日、久保昭少年にとって剣道の道に生きることを決定的にしたことは、父の剣道形の演武と母親との一本勝負だった。これ以後の出来事や誰に何を指示されたか、誰が訪問し、誰の祝辞か

父 久保嘉平初代館長と久保昭少年

も全く記憶にない程であった。ただ、昭少年が壁に掲げられていた、「創立の趣旨・剣道修業を通じて、国家社会に貢献すること」だけは小さな瞼に鮮明に映っていた。だから、自分こそ立派な父親のような剣士になり、指導者として社会に役立つ人間になろうと、久保昭少年は小さな胸に誓いを立てていたのであった。

久明館の名称を、嘉平師範は久昭館と決めたが、何度読んでも言いにくいことと明るさがともなうことが大切なのだろうと考えて、この先道場として継続するには将来を見極める必要性を感じ、「久明館ではどうか」と師範たちに提案して意見を聞いた。当時、久保師範（初代館長）を支えていたのは二代目久保昭館長の母親であったから、早速に相談したところ、「長男に期待するけど昭を道場の名前に入れる必要はないでしょう」と本心を語った。そこで初代館長は、関係者を納得させ「久明館」と看板を掲げたのであった。初代館長と久保昭館長に共通な点が見出されるのは、「いつもみんなの意見を聞き、師範や他の先生の意見を重視して決定するときは全員が納得するまで説得する姿勢」である。

初代館長久保嘉平がここで誕生し、久保昭（二代目館長）と実弟・久保清剣士に徹底して技はもちろん厳しく、礼儀や言葉使い、スキのない仕草、掃除など全てを基礎の基礎から指導した。後日、二代目久保昭館長が回想して言うのは、

「怖かった、何度逃げ出そうとしたことか、しかし、一度逃げ出すと二度と戻れないと考えたから、どんなに苦しくてもその日を耐えることで、やり終えたときは安心感と満足感そして幸福感も味わえた」とのことであった。何事においても、共通することかもしれないが、幸福というのは苦しみや悲しみ、苦痛から脱却したときに感じるものである。それはちょうど不幸と感じることが存在することで幸福が

剣道形を披露する久保昭と清

実感できることに似ているようだ。特に武道には、他にはない耐えた後の充実感が、スポーツにはない精神の安定をもたらすのだと、少年の剣士に芽生えていったのであった。

初代館長の嘉平師範でも苦痛や悲しみを携えていた青年の時期はあったはずであるが、弱音を吐くことなど武道家として赦されないとの想いは通常人以上である。久保嘉平初代館長が第二次世界大戦（太平洋戦争）をどのように生きたか、戦争をどのように感じたか、戦争をどうだと言いたかったか、だれにも語られていない。だが、戦争を経験した人は、

「戦争は残酷だ、戦争は何があっても避けなければならない、戦争を語りたくない」

と異口同音で口をやっと開くに違いない。久保嘉平初代館長も戦争については例外ではないだろう。敢えて警視庁の師範を務めたことには、日本人に、武道精神をもう一度見直して原点に戻り、世界に貢献する人材を育成することが自己の責務と心から感じていたのだった。

一般的に考えてみれば、どうして警視庁の剣道師範が自

ら辞職して、一人の市民として自分だけの責任を負うことを覚悟してまで道場を建設し、生徒を集めて指導しようとしたのか僅かな疑問が残るのである。道場建設には多額を要し、綿密な設計と詳細な計画が要求されることは、火を見るより明らかだ。

その時、初代嘉平館長は自己の体調を知っていたとするなら、「今ここで徹底して息子たちに剣道の普及と発展に全力で取り組ませ、日本武道の精神を維持させよう」と決心していたものと推測されるのである。また、そのように考えることが自然であり、創立の趣旨からして「剣道を通じて将来大乗な人（仏教でいう救済することまたは人）として社会貢献する」と一致するのだった。久保嘉平初代館長は一方で、警視庁の師範でありながら自己の先走った判断で職を辞退しての道場建設、開設にあたっては多くの人たちの協力に、謝罪とともに感謝の念でいっぱいであった。

剣道という武道の師範として、自分の子供には特別にひいき目で見るのではなくむしろ鬼となって自分を超えるほどの心身強化に努めようと、初代館長は誓い、そのように指導した。そのために二代目館長及び弟の久保清剣士はともに逃げ出そうと思ったことが一度だけだがあった。だが、その夜、初代館長の久保嘉平が、自分の稽古を深夜まで一人続けている様子を目の当たりにしたことで、昭と清は逃げることを断念し、そして剣道に生きることを誓い合ったのだった。

久保昭二代目館長は、瞼を閉じながら、半世紀近い過去を昨日のように回想していたが、果たして目標のように実行したかどうかは、自信はなかったものの、自分が一貫して維持した、「青少年に剣道という武道を通して、社会貢献する人材の育成」には全力で遂行してきた自負があった。久保館長は、ゆっくり立ち上がり一歩進み出て、改めて静座する剣士たちの目を見るときらきらと輝いて自信と希望を発しているようであった。岡教士、加藤教士、小林教士などの穏やかな眼差しは、館長としても指導者としても決して間違ってはいないとの確信を得ていた。

「剣道は子供達には、躾、礼儀作法、克己の精神を身につけさせる人間教育であり、創立の趣旨にある社会貢献できる人材づくりであります」

久保館長は、力強く発言したのだった。館長のその言葉には、剣道は国籍や年齢、性別そして信条を問わない広い意味の心の優しさが含意されており、世界を多く視察と修行してきた指導者の風格と威厳が充分であった。

剣道の青少年育成では、他の武道や運動団体にない大きな特質があり、特に久明館には特徴というより異質性があり、一つに宿泊修行と団体修行がある。例えば久明館に入門した子供だけではなく、両親あるいは親類または友人たちの集団で入門する方法、題して「家族で剣道を学ぶ」ことを勧めている。また、少年時代から稽古を始めると、青年期そして壮年期までも継続することで、二代や三代と受け継がれ剣道場を支え、青少年の育成に誰もが協力して後輩や自分の子供そして孫にまで受け継がれる。久明館ならではこれが成り立ち、人間関係を深めているのである。ここには、子供の頃から人間として尊重するという、今日の日本では見られない姿、現象がしっかりと存在しているのだ。

武道精神は日本のものとして尊いものではあるが、子供を一人の人間としては見ていない習慣というか、「一種の封建時代の悪癖とでもいうような思考が根強く昭和の産物として残滓している」などと語る知識人が少数おられる。しかし、それは思い違いであろう。それは久明館に海外からの入門者が多いことや、武道の心が日本人と感じている海外の人が見学にわざわざ足を道場に運ぶのを見れば理解できるはずだ。久保昭館長が一般的な武道先生と違って武道の本質・礼儀と尊敬、謙虚さ、人間の優しさを重視する武道の根元を極めようとする姿勢は、武道家として確実に相違し、また今までの指導者にない海外的な発想であろう。それには初代の館長が、「将来大乗優位な人」になって、「社会貢献」する人間作りを目指したことが原点であることは間違いない。

現在の日本では、「日本の侍」とか「なでしこ」であるとかと無分別に語る人がいるが（「侍やなでしこ」など軽々しくも使用すべきではないと感じるのだが）、実質的な人間かといえば同質のものとは思えない。子供こそ大人と同等にみることで、子供も良き大人になろうとするのだから、子供の尊厳と大人と同様な地位をしっかり確立されることによって、自然と礼儀や挨拶ができるようになり、感謝と優しさを身に着けるのではないかと気づくはずである。久明館の青年の生徒や壮年期の助教あるいは教士は、青少年時代から久明館二代目館長の教えで育ち、そして自分の愛妻や実の子に修行を、強制でなく自然と自ら学ぼうとするまで見守る仕方で継続してきたのである。久保館長は、「道場では良い汗をかき、生涯を通じて勉学に励みながら、仕事に取り組みながらみんなが幸福になれるまで、人生を語り、剣道をどのように活かすのが最良かを十分に議論しましょう。道場は家族です。温故知新の心情、今後も研鑽努力精進しますから皆様もご協力お願い致します」と口を結んで一礼した。

久明館の輝かしい実績は、あまりにも多く、紙数に際限がないほどであるが、重要なこととして少年少女の大会で幾度となない全国大会優勝と地区大会の優勝や上位入賞は、ほかの追随を許さないほどだ。久明館がモットー（目標、指針）としていることに、「もてなし、思いやり、誠意」があり、館長だけではなく、師範、教士、助教さらには剣士にまで実行されている。もてなしでは、道場に訪れる人はすべて真心を持って歓迎し大切にするもので、思いやりは一剣一會の精神で自己を軽く他者を重く思い、誠意では自己の誠が相手に正確に響いたかと常に自分に問いかける、というものである。

久明館に入門した人数は正確に数えきれないが、名簿に残る氏名は数万人であり、その中で有段者は約一万人となっている。初代の総裁には、東久邇盛厚氏が就任し、二代目は中村鶴治氏が務められた。また、木村篤太郎氏や笹川良一氏、勝新太郎氏そのほか多くの知識人芸能人、教育者など無数の人との交流は久明館の特徴であり、財産である。しいて欲を言うなら一番体験してもらいたい人達は政治を司っている現役の政治家なのだ。

将来を担う子供たちの学校教育では、誰もが同じ様に型にはめられた教材の中での限られた指導だけで終始しているようだ。子供達には学校を離れた自然の中で、自然の大切さを知り、人間とほかの動物との共存の大切さを知らせ、人間が植物から恵みを受け、自然がいかに大切かを自然に触れて教授することを実践してほしいと、久保館長は心から願っているのである。武道、特に剣道の修行で基本的であり、重要で久保館長の座右の銘である、「守破離」という言葉であるが、これは重要な精神修業の在り方をいうものとされる。この言葉すらもう死語になりつつあるのは、武道においてすら、なのだ。日本に伝統を守ることは、時代が本当に求めない精神か、時代が許さないのか、言えることは「精神は時代を超越する」ことであろう。

第二節「守破離」

「守破離」とは、剣の修行に限らないが、武道全般に存在する教えというもの、あるいは理念ということができる教訓である。「守」とは、師匠や各流派の指導を忠実に守って実践し、それから少しでも外れることがないように努力精進して身につけることをいうものである。簡単に言うなら基本を忠実に体得して身体の一部として持ち得ることを意味するのだ。

「破」とは今までに取得した技術、身についた教えなどを更に稽古を重ねて研鑽し、注の技をも広い心で探究して師匠の教えを自分なりの創意工夫を重ねて、改良及び発展させることを意味するものである。この場合、「破」には、多くの危険が伴うことも見逃せない。久保館長は剣道の技術稽古だけにとどまる指導、人間育成で果たして理想の剣士になるのか、との疑問を持ち続けていたから、色々な角度から少年少女を見ていこうとした結として、竹刀のない稽古会あるいは書道の稽古、そして詩吟や華道茶道など多くを子供達に実践させてきた。これはまさに「破」の実践で、武道精神を自ら見本を示しているといえるものである。これが久明館を支える人材を作り、海外に、剣道剣士は日本の武芸に通じていると実証していることでもある。

「離」とは、「破」から更に研鑽して技術を深めていき、師の教えにこだわらず、他流派にも影響受けずに独自の方法をできるまで自己を発展させることで新たな別の方法、自分に最も適した技巧を生む段階。それによって師匠の教えから脱却して進展し、やがて自己本来の技術が形成されて心身が充実する

久明館で行われている書道の稽古

ことで人間が完成されていくものである。

久保昭館長は、道場の剣士が生徒として道場から離れていくことは寂しいことではあるが、一人の人間が成長したという観点から見れば大いに喜ばしく、心から見送るというのである。この教えは単なる剣道の世界に限ることなく、人間の人生でも重要なことでもあると多くの武道家は認めてはいるが、実際に「守破離」の教えを実行する先生がどれだけ存在するか疑問である。また生徒を心から見送って世に送り出す師範先生が少ないとは言えないが多くはないのが現実である。

ここで「守」について考えてみると、広辞林によれば「保護する、防御して維持する」との意味があり、一般的には「守ること」だけのように思われる。だが、「守」には、「目を見張る」つまり観察して学ぶ姿勢も含まれることが理解できるのだ。それゆえに、師匠や先生からの指導をしっかり見て観察することで学ぶことが重要だと指摘するのである。更に、この「守」には、「子供を見守る」という重大な意味が含有されているのだ。これは、武道が子供を徳のある人間に育成しようとする仁得な武道家が考案したものとみられるのである。それだから武道家として、久保館長は大人はもちろんだが子供の育成には真剣に、あらゆる体験を通して教育しようと、父である師匠からの試練を受け継いだことに加えて、実行したのであった。

第三節　初代久保館長の人間指導

令和になって、久明館は創設から六十二年になるが、この半世紀を超えた長い年月は武道の稽古において決して長い時間ではなかった。武道の稽古は生涯に継続されることでその価値を見出されるからである。それには初代館長の指導を受けた剣士の証言をもとにして稀な稽古方法を確認して剣道の魅力と久明館の信念を確認するものである。

ここで初代館長・久保嘉平師範がどの様に指導を行ったか、どのように生徒に接したかを再現することは不可能であるが、指導の状況を少しだけでも知り得る貴重な資料をここに公開して初代館長の偉業を確認し、現在の先生方に参考にしていただきたい。まず茨城県下妻市の大宝小学校の校長先生でいらした瀬尾京子女史の「初代館長の教え」という貴重な回想録から一部を引用する。

「久保嘉平先生は、健全な青少年育成のため土曜日曜だけ板橋警察署で剣道を指導していました。そのほかの先生もいたのですが嘉平先生の前には生徒が一番多く並び、私もその中の一人でした。昭和二十八年、中学一年生の時に貧弱な心身の私を鍛えるようにと父親が習わせたのです。嘉平先生は引き立てる稽古が上手で、正しい打ち方ができないとき（肩が入りすぎたとき、刃筋が通っていないとき）などは全く打たせてもらえませんでした。優しくて厳しく丁寧で手の握りと力の強弱の変化など剣道の奥の深さを指導してくれました。教えは剣道だけではありません。生徒の履物の置き方、来館者に出すお茶の入れ方、礼儀、言葉遣いなど人間の生きざままで教えてくれたこと、只々頭が下がりました。一度は私が稽古着を道場においたまま帰ってしまったとき、自転車で家まで届けてくれました。そして先生は、稽古着は自分の体の一部だよ、とだけ言われてお帰りになりました。私は恥ずかしいよりも嘉平先生の後ろ姿を流れる涙さえも拭えずに立ちすくんでいたのです。今ここにいる私は剣道と嘉平先生、そして嘉平先生の意志を継いでおられる久保昭二代目館長のおかげです」

初代館長嘉平師範は、剣道という武道が道場の中の剣術にだけこだわることが武道本来の目的ではないと言っていたように、剣道は人間を心から育成することである。だから剣道を修行するものは人間の行いの全てである武芸を嗜み、同時に精神を強化しながら総合的な包容力のある人材を育成するとの目標を持ち続けていたのである。

次に、久明館の兄弟道場の錬武館師範村上修一氏の「我が剣道の師久保嘉平先生」から一部を抜粋して紹介する。

「十歳のころ、貧しかったために古着屋で父親が稽古着を買って来て、男は強くなれとの思いで無理やり久明館に入門させたのです。初対面の久保嘉平先生は、古武士のようで恐ろしくも見えました。しかし、剣道は面白いんだよ、と優しく語り頭を撫でられたことを覚えています。あの笑顔が忘れられず毎日三十分もかけて通い続け、やがて先生から防具をつけてよいとの許可が出て、毎日が楽しくて生きがいになりました。先生にはお褒めの言葉、仲間には一目置かれ、女性には羨望のまなざし、有頂天で更に研鑽を続け、有段者から指導する立場までになれましたことは嘉平先生の技術だけではなく、人間としての心の在り方など全般に細かな指導のおかげです。有段者になっても奢らない心や初心を忘れない心、謙譲の心、思いやりの心すべてを久保嘉平先生から学びました。嘉平先生には感謝しても足りません。せめて先生の教えだけでも継承しようと修行しております」

この様に、剣道には剣を使用するからこそ精神が剣に宿り、人間がその剣の使用を間違えない限り人間までも正しさを保てると感じるのだ。

初代館長の思い出を、野平正巳氏の回想録から読み取れるのは、

「嘉平師範が言われた、世を救うに剣に拠る他になし、この言葉は日本には最重要です」

と断言したことが剣道の地位を確立したのだ。そして野平氏は、久保嘉平師範が苦労を覚悟で道場設立し、貧困を承知で子供のために体験を惜しまないことを教え、大人には剣の修行は生涯を通じて実行し、その姿が将来性ある子どもたちを育成することを丁寧に諭したのであった。終戦後に武道家が、誰一人として他人のために生きられたか、他人を救おうとしてもやる気があってもできないし、考えもしないことを嘉平師範は、実行した事だけでも大変なことである。嘉平師範のほんの一部ではあるが、人柄を知る貴重な文言である。

ここでご紹介した先生以外にも、多くの師範、助教、剣士が何十年にわたって親子何代かで剣道を継続している。空手や合気道では、時には親子三代あるいは家族中で稽古にはげんでいることがある。空手の団体の正武會館では、家族八人が全員入門して空手の実践に汗を流している戸邉家があるぐらいで、久明館では特別に珍しいことではない。

久明館という剣道場は、単に町の中の一武道場ではない。創設時に、剣道の大家である持田盛二師範、斎村五郎師範、大麻勇次師範が指導され、木村篤太郎（初代剣道連盟会長）、石田和外（最高裁判長）、武藤秀三（三菱）、中村鶴治先生ほか大勢の武道家や武道愛好家が訪問して協力を惜しまない。久明館

は正に、武道場としてみても、青少年の育成の観点からみても稀有の存在といえるのである。

第四節 人間一人ではない

「人」という文字自体が、二人の人をイメージして、その二人が支えあっていることを想像させるものである。

久明館の歴史は、久保嘉平師範が警視庁の助教を辞職して、健全なる青少年育成と日本国民に民族として持ち得ている武道の精神を喚起し、終戦からの勇気と希望を持ってほしいとの願いも込められていた。初代の館長は、武道家としての自己の責任感のような、あるいは使命感、少し大げさに言うなら、天命のようなものを感じていたのである。しかし嘉平師範は、理解者である伴侶が見つからなければ、このような国家がするほどの大事業・剣道という武道の人間育成はなしえないものと考えていたのだ。このような嘉平師範を見つめていた女性が二子女子剣士であった。

久保嘉平先生の妻になるまでは、三年数か月の月日をかけて先生を見続けた女性剣士二子であったが、嘉平先生の一言である、

「将来を担う青少年を育成して世界に羽ばたける人材を世に送り出そう」

との情熱に感動したのだった。この言葉には、自分の子供であり剣士の長男昭と次男清にだけ期待するのではなく、武道の精神を確実に身に着けた少年を世界に送ることで平和を実現させようとの思いが根付いていたのであった。それを知っていたからそれからの二子は、稽古に家事、生徒の世話、師範の接待と休む時間がなかった。先生への協力はまず自分が剣道の師範になることと決めたから、深夜まで、

時には電車の始発が走るまでに及んだ。それでも稽古が不足ではないかと、家事や掃除の合間を見て素振りを続けた。その努力が実り、剣道五段、居合道、杖道でも有段者の仲間に加えられたのだった。

昭和四十二年十一月、久保嘉平初代館長は五十歳の若さでこの世を去った。生身の身体は強靭な身体でも限界があるが、嘉平師範自体は休養と思ったに違いない。戦争を経験した身体は、言葉でも文字でも過酷さを語れない。心優しい嘉平先生は、戦争で傷つけた人々に対する懺悔の思いがあったに相違ない。だから死滅したのではなく、嘉平師範自体が休暇を取ったとみる方が自然であろう。

それにしても嘉平先生の急逝によって、これには誰もが驚いたし、生徒たちはただ呆然とするだけであった。奇しくも久明館を創設して十年目にあたり祝賀会を開催した数日後であったから、親類や関係者、何よりも久保昭は驚愕してしまったのだった。妻の二子は、「冷静に、不動心、先生が言われたいつも平常心、落ち着こう」と言い聞かせて道場を支えた。二子は、嘉平師範の後を自分が館長代理として今まで以上に、道場の生徒たちに混乱を招かないように昼に夜に身を粉にして、今まで以上に自分を犠牲にしてまで道場の繁栄と青少年の育成に必死であった。

久保嘉平先生の死去から慌ただしくあっという間に一年が過ぎ、六か月を迎えたおだやかな春の日、昭和四十四年五月、久保二子助教は、初代館長・久保嘉平師範を追うかのようにしかもまるで久保嘉平先生を介護するという使命感を背負っているかのごとく、同じ五十歳の若さでこの世を去った。

昭和三十九年の東京オリンピック頃から、日本では武道が盛んになり、中でも剣道はテレビ放送で「赤胴鈴之助」（中村錦之助主演）が放映されたことや漫画がアニメとしてテレビ番組になったこと、あるいは剣道の青春ドラマ「俺は男だ」（森田健作主演・現在千葉県知事）で剣道ブームになっていた。

久保二子に襲いかかる重圧は、想像以上の見えざる強敵であったはずだ。初代館長の責務を処理しながら自己の稽古に励み、一方では長男の久保昭を呼び寄せて今後の道場の運営と師範や助教との指導法、先生との会合などを綿密に議論した。次男の久保清とは二子に替わる部分を担当してもらおうと話し合いも何度も行った。だが、二子は、まさか自分の肉体が病に侵されているとは、微塵にも知らなかったから、長男の久保昭が一時的に日本に戻ってきて、元気な顔で現れたときはたのもしく、海外で剣道を広めてくれると信じて疑わなかったのだ。

だから二子は、「父嘉平先生が言ったように、昭は日本よりも海外で剣道普及に人生を賭けろ、との言葉を守ればいい、日本は私と清がしっかりやるから」と言って久保昭を横浜まで見送りに出かけて行った。まさか母の二子がこれが最後の対面だとは、久保昭は思いもしなかった。

「元気でやりなさいよ。苦しいときは稽古のことを思い出しなさい。あれだけ耐えられたのだから何でも耐えられるわよ。昭はいつも他人にやさしく自分に厳しい子だった。大丈夫、きっと成功するわ。先生の子だし、私の子だもの。でもどうにもならないときはすぐに帰っていらっしゃい。道場がいつでも待っているわよ」

二子は、そう言って笑顔で昭青年の両腕を、鍛えた手で母親二子館長代理は強く握った。

久保昭二十五歳、内心で「優しさは父と同様で、子供の前では決して弱気を見せない。父が急逝して大変なはずなのに、俺はまだまだ両親の足元にも及ばない。両親の意思を世界に、それが一番の恩返しだ。俺の苦労なんて、寒いとかお金がないなんて言っていられない」、そう思ってはいたが母親の笑顔を見ていると、涙が溢れ出して拭っても拭いきれなかった。両瞼から涙が流れ落ちて言葉にならなかった。そして青年久保昭は船上から母を見つめ、母親久保二子は桟橋でテープを握っていた。母とともに久保昭を見送りに来ていた実弟の久保清剣士は、手を振りながら思っていた。

「永遠の別れになってしまうような気がする、母が泣いたことなど一度も見たことがないのに、両手で顔を覆うように吹き出る涙を抑えていた」

実弟の清剣士は、実の兄を心から尊敬していたことで、父嘉平館長に続いて二代目館長を兄の昭師範が務めて欲しいと切望していた。清剣士が危惧していたようなことが事実一年と六か月後に現実のことになってしまうとは、まさか本当に永遠の別れになるとは、久保昭だけでなく、誰も予想もしていなかった。どんなに肉体を鍛えても健康に十分気を使ったとしても病気を克服できるとは限らないのであろう。それにしても初代館長久保嘉平師範が五十歳の若さで去り、久保二子師範が五十歳の若さで後を追うことになったのは皮肉でもあり、悲劇でもあった。男女の出会いと親と子の出会い、師範と弟子、先生と生徒等、人は出会いで人生が変わるといわれるものだが、人間の出会いと別れは非常なものと言わざるを得ない。

久保昭館長は無事に六十周年の式典を終えて、平成時代から令和時代を迎えるにあたって大きな目標を掲げたいと考えていた。平成三十年の台風によって、屋根瓦がはがされてしまい、以前には道場生たちの協力で屋根を修復させたが、「今回は道場生たちには危険を冒させたくない、これからは最後の力を振り絞ってやり抜こう、初心に帰ろう」と想い、海外からの寄付や助成金を活用して、目標の現金を用意したのだった。

久明館道場は、久保昭館長が最高責任者として道場の運営を実行してはいるが、東海林師範、岡教士長、浅見、塚田、和田師範たちがそれぞれの分体制で生徒を指導している。これは他にはないものだが、更に剣道、居合道、杖道を極めるといういわゆる三道主義を掲げていることも他の道場との相違点である。

久明館は、「剣道は家族全員でしましょう」と二代目久保昭館長が生徒たちに参加を勧めている効果もあり、家族全員が数十年もの間稽古している生徒たちが少なくない。ここではほんの一部の生徒を紹介する。安田武史剣士（救命救急医）は、四人の家族で稽古に励み、「生活の一部が剣道です。時には、スポーツも行いますが剣道が一番です」と強調した。

安田剣士が数年間の稽古を通して、剣道には厳しさが多く楽しさは少ないが、少ない楽しさだから価値があり、苦しさが多いことで生活の中のつらさを耐えることが可能になるのです、と言い、「剣は人生そのもの」と痛感しているのだ。「剣に出会えて、人生が変わり、久明館の教えが私と私の家族を幸福にしました。今後も決しておごることなく、久明館の剣道の教えを生涯家族で全うしたいと思っています」と熱を込めて語った。

次に紹介する剣士加藤直二教師は、大手会社の副社長でもあり、家族三人で三道主義を修行している。加藤教師は、「剣道は終わりがありません。自分の精神には武道の剣道が必要なのです。剣道は我が肉体と精神の中核をなし、我が心そのものです。久保館長には技はもちろん心の置き所、つまり精神と肉体の統一、武道に最も大切な心技体の一致であり、人間のあり方を学んでいます。久明館にはただ感謝です。まだまだ未熟ですが久明館の信念を全うしようと家族で懸命に努力しています」

加藤教師は、道場でも道場以外でも礼儀正しく人間の道を見失うことなく、常に何処でも平常心、そして不動心そのものである。謙虚な中に威厳差を持ち得る数少ない指導者であると出会った人なら感じるはずだ。黒澤明という偉大なる映画監督が全盛期ごろの作品の名作、「七人の侍」に登場する「久蔵」を思わせる人物とも重なり合う現代人とみた。加藤直二氏は、自分の息子が中学に入学するときに剣道を始めさせる目的で久明館に三人で見学に行ったのは十三年前であった。初めて久保館長に会って、加藤家は館長先生の接客態度と日本語の上品な説明に魅了させられ結局、三人がそろって同時に入門したのである。

加藤直二と久明館は、奇しくもこの世に生を受けて六十二年目であり、偶然とはいえこれには加藤直二本人が驚き、感動した。加藤氏は大手の食品会社に勤務して肉体を酷使していた三十を過ぎたころに、優秀な講師のレジーナさんと知り合い結婚したが、その頃よりレジーナさんは日本の武道に深い関心を示していた。当然に日本に加藤直二氏が戻るのに合わせてレジーナさんは来日した。彼女は上流の家庭に育ち、幼少の頃から語学、歴史、文化に傾倒し、カナダのモントリオール大学で優秀な成績を修めて、教師の職にあった。加藤直二氏とレジーナさんはともに日本で剣道の指導に情熱を注ぎ、一方の留学中の息子はカナダで大学教授を目指し、剣道の稽古にも励んでいる。

加藤直二は言う。

「技術的な成長も必要だが、精神的なこと、それは武道の真実・精神的に人間が持つべきものの大切さ、それは久保館長が教えてくれたのです」

彼は「自分が生きることに剣道の武道性が役立っているのです」と言い、加藤家の財産は、目に見える物ではなく「剣道に生きること」だと確信を持っているのである。これは、目に見えるものよりも目に見えない何かを尊重するということであるから、「神という存在」を意味するものとも考えられる。

宗教的に見るのではないが、人間をはるかに超えた普遍的な存在を尊ぶ姿勢は武道の精神そのものである。加藤氏が多くの指導者とは違って、何かを感じる究極の境地に立っていることが通常の人間を越えたような存在であることは間違いない。加藤教師の奥様はカナダでの大学教授であり、長男は剣道をしながらも大学院で研究者として教授の道を進み文武両道を実践している好青年である。

最後に登場する剣士は、久明館の管理や庶務を全て正確で迅速に遂行している小林佐記子剣士で、実弟の小林規全剣士と数十年もの間、稽古量では誰にも追随を許さなかった姉弟剣士である。小林佐記子剣士は、静かに口を開いて語った。

「私が最初に久明館を訪れたのは、語学習得が目的でした。当時、久明館では英会話教室を創設していたのです。仕事の関係上、英語が必要になったのです。久明館は、その頃海外の剣士に英語の勉強の一環として、英語教育を実施していたのです。剣道場としては大変ユニークな場所でした。それが楽しくて剣道の稽古には興味があまりなく、凄い気迫があって元気な子供や一般の人が汗を流していました。父親は野球をしていましたので武道には縁がないと思っていたのですが、会社の上司が久明館の剣道をしていたことで久明館を知り、英会話に通って一か月したころ、久保館長から誰かの誕生パーティに声をかけられて館長の優しさと心の広さを知り、剣道やってみようかしら、という気持ちになったのです」

この言葉でも知れるように、久保館長は、見学に道場に来るだけで、見学者を剣道に無理なく自然に仲間として引き込んでしまう魅力があった。しかも加藤直二教師のように、本人同様ついてきた人間まで剣道の虜にしてしまう不思議な引力が備わっているようでもある。

小林佐記子剣士にも四歳年下の実弟小林規全剣士がいるが、姉が剣道を始めると聞くと「姉は運動音痴だから心配だ」と思って、久明館に同行した。小林兄弟も決して例外ではなかった。今では久明館を支える一人に両名が成長して、久保館長の右腕となっている。

小林佐記子、規全姉弟の父親は野球で活躍したが、不治の病に倒れて何かを求めていた時に剣道の奥深さと館長先生の人物の広い心に感動して入門という結果に至ったのである。一度、佐記子剣士の代わりに弟の規全剣士が稽古に参加することになり、それから弟の方が熱心になってしまい、姉よりも弟を指導者にしようと両親は考えたのだ。久保館長は、時に厳しく時にやさしく、また時には、子供以上に自分が喜び、時には叱咤して、はしゃぐその姿は飾らず奢らず、慢心せずに細心の気配りで生徒一人一人に接する、理想的な指導方法で、数十年間指導をした。それが、運動に魅力も感じなく、運動嫌いな普通の女性を逞しく元気で堂々とした人間に導いていく久保昭館長だと小林佐記子、規全兄弟は確信しているのだ。

小林規全が幼いころに野球に憧れ、王貞治選手を目指そうとしても何かが物足りない。「それは自分の心身の強さそして男としての偉大さが欠けている」と感じて「あしたのジョー」の矢吹丈のようになりたいと思ったのは当然であった。だからと言ってボクサーになるほど減量に耐えられない、それならと当時流行していた実戦空手に入門するが、過激であったことで自分を分析したところ無理との結論に達した規全青年は悩み続けていた。そこに姉の剣道入門の知らせがあった。小林規全にとって、剣道は姉にも自分にも三か月が限界と感じていたが、半年続き、一年が過ぎ、五年十年とあっという間に稽古に明け暮れるほどに剣道に没頭して有段者になった。

小林姉弟が共通していることは、「久保館長には武道での身体鍛錬だけでなく、精神的な心の在り方と人間としての礼儀、感謝の心、謙譲の精神を教えられた」、と感謝の念で語ったことである。剣道の修行に運動神経は関係ないということを、小林佐記子剣士が証明している。ここで恥ずかしながらも真実を告白された佐記子剣士の、運動会での逸話を紹介し、運動の得意でない人を激励する。

佐記子剣士の小学時代の一人走っている写真が多く残っているが、それはいつも最下位で、全員走り終えてしまったから一人で最後に走っていた自分を一等賞だと勘違いされた。両親が外で遊びなさいと言っても決して外に出ない少女だったのに、剣道を知ってからは運動が好きになり、明るい元気な人間に成長できたのは正しく剣道という武道、つまり久保昭館長の指導のたまものということができるのだ。

小林佐記子剣士が自分のような生徒が継続して修行できる喜びを、久保館長と師範や教師に深く感謝していたこと自体に、久明館の偉大さを見たような気がした。久明館には、ロシア人のニコライ師範やキブロス師範ブルノや指南役載晶莉剣士など世界各国で、師範や先生と呼ばれる人材が育ってきている。久保昭館長が自ら竹刀一本での普及活動の成果と言っても言い過ぎではない。

海外から日本文化の武道を習得する目的で訪れる外国人は意外に多い。生徒の中で際立っている剣士とその母国について簡単に紹介する。

その女性の名は、スターニャ・シュラムコバ女史であり金髪の優しい青い目の、典型的な西洋人の美しい女性であった。母国はドイツとオーストリアの中間に位置するチェコスロバキア共和国(現在はチェコ共和国とスロバキア共和国に分離)である。スターニャさんは親日家でもあり、日本武道をこよなく愛し、特に剣道の奥深さや日本武芸を大切なものと理解する知識人でもある。チェコスロバキアは、日本の北海道ぐらいの広さで、人口一千万人強の人たちが農業中心に暮らしている。最近は工業が目覚ま

スターニャ・シュラムコバ女史

しく発展してはいるが、美しい森林や自然の恵みを受けて伝統と文化を誇っている。大部分がカトリック教徒であるから、人々は温和で派手さはないが優しくて陽気な性格と言っても間違いではない。

チェコスロバキアを歴史的にみると、ハプスブルク家の支配とドイツのナチス占領下、その後ロシアのスターリン統治下で苦しんできた事実が、伝統や自国の正統な文化を重視する思考となり、関心の強い日本の文化（日本の古典や浮世絵）を正確に把握しようとしていたのであった。スターニャ女史は、十三歳で空手を始めて有段者になってからは多くの子供たちに指導していたのである。日本の武道を模索しているところに、友人から久明館の海外キャラバン…剣道で各地を訪問し、デモンストレーションを実行していた時に久保昭館長と出会った。久保館長には、「武道全般と剣道」を説明されて日本へ行く決心ができたというのであった。

「剣道は日本人のシンボルだと思います。礼に始まり礼に終わる、これは人間としての最も大切な礼儀と感じます。日本の剣道久明館の武道によって剣道を知り、華道や茶道、書道など凄い文化です。我が母国チェコだけでなく、西洋に普及させたいと思います。剣道の修行は五年間でしたがまだまだ未熟です。これからも生活の一部として、生涯修行していくつもりです。必ずチェコに日本武道センターを創り、発展させたいと考えます」

日本人ではないが日本人以上に、日本文化と武道を心から大切にしてくれ、また実際に海外に武道センターを設立しようと企画する決断力と行動力は、通常の精神力をはるかに超えている。

この女史には、さらに驚かされることがあった。それは、両天皇陛下（現在の上皇）がチェコスロバキアに訪問されたとき、スターニャ女史の日本語の美しさ、それと気品さ礼儀正しさに驚愕され、謁見を赦されたそうである。それだけに日本における久明館の功績と他では見ない人間の育成に全力で取り組んでいることが証明されるのである。

剣道は、「面、胴、小手」という競技でありながらこの勝敗がすべてではない。堂々と戦い、負けることもあり、結果だけにとらわれるスポーツとは大いに異なるのだ。負けても勝っても相手を尊重する。勝ったからと言って奢り、またはいわゆるガッツポーズなどは論外である。久明館の教えの一つに「剣の道に外れるように勝つことより、潔く負ける方が剣の道に通じていることになる」ということがある。それは剣道という武道ならば、勝敗に無関係で相手への尊敬の念を持てという武道精神の基本的な指標、それを最重視している久保昭館長の指導方針なのである。

第二章 人間教育の重要性

第一節　幼児教育の大切さ

久保昭は、戦争の末期である昭和十九年の八月の暑い日に、赤羽の自宅で産声を上げたが、産まれたときに泣き声を上げなかった。母親は驚いたが、嘉平先生は、

「この子は大物になるぞ、どんなに苦しくても泣かない子だ、将来が楽しみだ」

と言って、大笑いした。昭と命名されたこの幼児は、久保嘉平の思惑通りすくすくと、病気もしないで元気に育った。幼稚園に通う頃になったときに、父が竹刀を預けると一日中竹刀で遊び、嘉平を喜ばせたのだった。この時に、久保嘉平は昭と実弟の清に「竹刀のようにまっすぐの心、嘘のない心、真剣の心」を理解しないかもしれないと思いながらも説明した。

小学生の高学年から昭に、母親が巣鴨駅近くにあった英語塾に通わせてくれたことが後々の剣道普及に大いに役立った。母親の考えばかりではなく、当然に父の剣道師範が、将来を担う子供のためと将来は必ず英語を重要視することになるという先見の明をもちあわせていた。それよりも一番の理由としては、当時、自宅を赤羽においていたが、そこにはアメリカ人が大勢いたのであった。現在、板橋区と練馬区の間に広い敷地を有する光が丘公園は、かつてグランドハイツと呼ばれていてアメリカ人の基地と住居が居並び家族とともに兵士たちが生活していた。その様な規模ではなかったが、終戦の頃は赤羽地区にアメリカ兵士が闊歩していたのである。

久保昭は、胸中で、

「中学になってからでは、みんなに勝てない。今から全部覚えて一番になろう」

と考えて、雨の日も雪の日も休まず通い続けた。久保昭は、幼少から人一番負けず嫌いで、一つのものを飽きることなく徹底的に取り組む性格ではあった。そんな昭少年を観察していた近所の人達は、「将来は立派な指導者になるだろう」と見ていた。嘉平師範は、「このまま育っていけばいいが」と出来すぎる我が子を本人の前では褒めることはしないで知らぬふりを装っていたが期待はしていた。反対に母親の二子は、「よく頑張っているね。だけど弟の清を忘れないでね。教わったことを教えてあげる、そうすると本当に理解したかどうかも解るようになる。教えられることと教えることは同じなんだよ、覚えておきなさいね」と優しい口調で諭した。久保昭は、何度も「教えられること、教えること、同じ」と反復して、自分に言い聞かせようとした。

一般的に当時の子供たちは両親の教えや意見に異議を唱えることはしなかった。正確に言うなら、子供は両親に対して意義を述べることは当然できないし、自己の意見すら言えなかったのだ。久保昭も例外ではなかったが、剣道の師範である父と、師範代理である母親に異論などありえないが、それよりも尊敬している両親の教えは素直に受け入れることができたのだ。このことが後の久保昭の剣道海外普及に大いに役立ったこと言うまでもない。

剣道師範が語学を習得することは、武道普及のためばかりではない。時にして、武道スポーツの指導にとっては語学など必要ではない、と断言する先生が少なくない。確かにその技術を解説する場合、演武すれば誰もが見ることで理解すると思われるがこれは間違った納得、誤解している見解というべきものである。人間は、やはり言葉と実践が一致して初めて真髄から理解し、反復練習へと移行できるのだ。生徒が誤解したままで、更に指導を受けると体得できないままであるから、次の動作も後の動作も習得できない。これでは何であっても特に微妙な動作が時に重要視される武道は進歩しない。それよりも言葉も文化であり、武道も文化であるから、武道という剣道を理解し、その域を超えてほかの文化も知っていただくことで更なる武道の深淵に近づくことになるのである。久保昭は、小学時代から中学時代という、人間で、脳やあらゆる器官の発達が著しい時に、通常の剣士にない環境で育成されたということが理解されるのだ。

第二節　教育の最重要時期

昭和二十四年ごろは、終戦から間もなく、子供たちの人口はベビーブームであったから多かった。だが食べ物も少なく、遊ぶ道具は木切れか竹棒であった。昭少年が剣道に難なく取り組めたのは自然な成り行きではあったが、剣道が好きで習ったわけではない。父親の嘉平先生が三歳から自分の息子に剣道を教えることは何にも不思議ではない。ただし、嘉平師範が他と異なったのは、昭少年に頭（面）、脇腹（胴）、腕（小手）を直接当てて始めたこととやがてこれらの攻撃を歩法でかわし、更に体捌きを加味したことで、攻防の基本を徹底的に身体に植え付けさせたことにあった。

父親の久保嘉平が、昭を無理やり自転車に乗せて雨の日や風の日、暑さにも負けないで板橋区北区の各道場で修行を共にした。高度成長の始まりであったことも助け、道場はどこも盛況で、また参加している剣士の気迫には圧倒させられていたが、

「特別なことはしていない。これなら自分もできそうだ。小学生だって体が強くなければ格好よくなれない、赤胴鈴之助のように」

とテレビで見た赤胴鈴之助の見事な竹刀捌きを思い出して自分と重なり合わせていた。久保昭は、小学生の時より利発だとの親類縁者が評価しようとも幼い心がそこにあったのだ。大人たちに交じって練習したことで昭は、刺激を直接に受け、それから一層、懸命に練習してどんどん実力を開花させていった。

久保昭にとって、初めての大会は忘れもしない小学校六年生の時、板橋区の少年大会地区予選であっ

た。昭少年は四歳年下の弟と順調に勝ち進んで、決勝まで無敗を誇っていた。しかし、久保兄弟にもやはりそれまで無敗で勝ち進んできた常盤台の強敵が現れて優勝を奪われてしまった。

久保兄弟は、帰ってから久明館の片隅で、大声を出して泣き伏していた。昭も清も共に、「僕が、僕が負けなかったら、優勝できたのに、ああ、僕は弱い男だ、僕はダメな男だ」と顔面を紅潮させて悔しがった。父嘉平師範は、この様子を見て今大切なことを教えなければいけないだろうとして、「勝ち負けよりも、礼儀はよくできていた。勝った相手と同じように立派であったよ。親として先生としてお前たちは誇りだぞ。さあ、今日の反省だ、着替えなさい」と優しく諭した。昭と清少年は、負けたことで父親に叱られると感じていたから、父親の言葉には意外とともに勇気がわいてきたことを実感していた。

久保昭二代目館長が、生徒を指導するにあたり心がけていることの一つに、生徒は全部個性を持っていることで、同じように教えるのではなく、あくまでも武道精神の基本「負けたことよりもその態度の大切さ」をしっかり身に着けることがいかに重要かと知らせる指導、これは体験を通しての確信であった。

久保昭館長の中学三年生の逸話が、昭和四十三年の四月に読売新聞で紹介された。それは、森繁久弥という名優が、企画から出演まで担当した日本テレビのゴールデンタイムに放映された番組であった。その第一回のゲストに、久保昭が剣道部の十一人とともに、生出演したということである。久保昭は巣鴨中学に入学したころから、仲間と小遣いを出し合って貧しい施設の子供達に寄付を行っていた。そのことを森繁久弥氏が聞きつけて感動し、テレビ局に招待したということであり、これには久保昭以下一週間前から眠れなかった。

森繁久彌氏は、映画と演劇界に喜劇役者を演じて、当時のサラリーマンシリーズで人気者になり、ラジオとテレビ、映画、舞台で大活躍し、後年であるが「知床旅情」などの名曲を創作し、「屋根の上のバイオリン弾き」というロングランの舞台を演じた日本芸能の代表者である。この時は森繁久彌氏は、詩人であるサトウハチロー氏(小さい秋みつけたなどの同様の詩人でもある)の詩を朗読して門出を祝った。久保昭は、テレビに出るために行ったものではなく、ただ自分も父親が道場を創ってまで子供を育成して子供を元気で正直な子に育てようとしているから自分たちもなにかできるのではないか、と考えて僅かではあるが同じ子供たちのためになろうと単純に考えての結果であった。一方では、その後に学校だけではなく、近所でも大人の生徒たちにも尊敬までいかないお褒めの言葉を言われたときは、何か急に大人になったように感じて自信が湧き上がってきた。何よりも、師であり父親である嘉平館長から笑顔で褒められたことが昭にはうれしかった。同時に、久保昭はテレビや雑誌に出ることが話題になって剣道が見直されることにも気付かされた。

「これからは、マスコミを利用することは大切なんだ、話題にならなければ武道の普及は難しい」と、久保昭は中学生にして実感したのであった。

久保昭が迎えた中学三年生の晩冬、年も押し迫った十二月三十日。森繁久彌のテレビ番組にゲスト出演して数か月がたったある日の夕方に、隣町の高校生が数人で久保昭と友人の藤林勇三を一斉に取り囲んだ。久保昭は、一目で不良グループと分かったが、「ここで怯んでは武道家になる男として恥だ」と想い、勇三に目配せしてから右手に竹刀を持ち換えて、力を入れた。不良のリーダーらしき太い顔のニキビ面が、久保昭に迫った。

「残念だが、俺、剣道怖くないんだよ。お金あるだろう、貸してくれよ。何も食べていなくてさ。少しでいいんだ、早く出しな」と言って、汚い右の手を広げた。

「貸すなら、返してくれるのですね。いつ返してくれますか。そして名前と住所教えてくれますよね」

昭は、しっかり相手の目を見て発声した。

「う、このガキが。ああ、勿論、だから先に金を渡せ、さあ」そう言うと、昭のポケットに手を入れた。

昭は、剣道の体捌きのように体を回転させると、横綱のような不良は手をねじられて倒れた。

「このガキ、大人しくしていたら逆らって。やってしまえ」と怒声をあげたリーダーの合図で、不良数人は昭と雄三に襲いかかった。昭は、「こんなことのために竹刀を持っているのではない」と思ったが、ここでは逃げようがないから戦うのも仕方がないと竹刀を上から横から袈裟で斬り下ろした。不良グループは、顔面と腕や腰に竹刀を何度も浴びて倒れこんでしまった。そこへ米軍の兵士が二人走りこんで、拳銃を昭に向けて、「ホールドアップ」と言って銃口を向けた。兵士たちは、昭の英語を理解しながら、頷いて感心したように笑顔になっていった。昭は、兵士が拳銃を自分の懐に納めたのを確認してから、発音に十分気を使いながらゆっくり話した。

久保昭は、友達の上級生に、剣道を教えていたことや借りたお金を返そうとしていた事、今度一緒に稽古しようと話し合っていたことなどを説明した。二人の兵士は、剣道という武道に感心して、「いつか我々にも教えて欲しい、またここで会おう」と言って握手を求め笑顔で去っていった。雄三は、残った不良たちをどうしようかと昭に問いただしたが、昭は、財布ごと不良のリーダーに渡して、「いつでもいいから、それより剣道やってみない？　結構楽しいよ」とだけ言い残してその場を後にした。

不良グループたちは、久保昭の後ろ姿に勇敢な武士の幻影を見ていた。横綱の不良は、元々剣道に興味があったが強い武道などとは思ってもいなかった。自分が好きではある女の子にいじわるするようなそんな心境に似て、何か剣道というものを試してみたかったのであった。久保昭が行った最初の野試合（実戦という意味での試合）は試合の勝者というより人間的な勝利者であった。この不良グループ四人が今日まで稽古に励んでいることは言うまでもない。巣鴨中学校時代の久保昭には、いくつかの美談が現在まで伝え語られている。

昭和三十五年三月に、久保昭は東京都体育協会から、学校体育の向上に寄与したことが多大であるとの理由で表彰を受けている。これは単に優秀であることと努力の成果が認められただけではなく、中学生という一人の生徒が生徒の見本となって巣鴨中学の発展に貢献したことや学生の理想的な健全な武道修行者にして中学生の姿を世に示したものであった。

その反面、久保昭は、少しでも間違ってはいけない、注意されることはできない、知らないことなど存在しないように努めなくてはならないと考えて重圧感（プレッシャー）を抱くようになっていった。元来、久保昭は、陽気で積極的な性格であったから今までに少しの重圧感も感じてはいなかったが、中学三年生になった頃より徐々に芽生えていった。ちょうどその様な心理状態の時に、何かで気を紛らわせるかのように、当時流行していた海外文通に昭は目を向け、同時に英語力を高めようとしてアメリカ人の男性と文通を始めた。アメリカ人の相手は、年上の実業者で、いくつもの会社を経営し、日本に非常な関心を持ち続けていた。

名前は、ジョージ・ウイクリーと言って、日本に数十年前に行ったことがあることや浮世絵や歌舞伎に興味があると分かりやすい単語で知らせてきた。久保昭は、自分が剣道をやっていることや将来はアメリカで剣道を普及させたいことなどを返送すると、間もなくすぐにでも会いに行きたい、と彼は昭のもとに手紙を送ってきた。後のことではあるがジョージ・ウイクリーは日本に来て久明館の稽古を見学し、「アメリカで剣道を広めなさい。私が協力するから早くしなさい」と言って、久保昭を励ました。また、彼の日本贔屓も有名で、久明館の近くにある三喜トヨペットで人気のカローラを現金で購入した上に船便で車とともに帰国したのであった。久保昭は、数年後にアメリカで剣道修行と普及に渡米するが、その時まで彼との親交は続いて、言ったとおりの協力を受け、発展していった。

よく日本人は誠実で正直な人と、海外から評価を受けるが、決してどこの人だからではないかもしれない。つまり日本人であっても悪い人はいるだろうし、善い人もいる。大事なことは自分が悪い人にならなければよいのではないか…久保昭は、巣鴨中学生から高校生になるころ朧気ながら知ってきた時期であった。

巣鴨高校は、東京では有名な剣道の歴史を持っていた。剣道を仕事とするか徹底した躾を強要するかのどちらかで強制的に入学する生徒がほとんどであった。久保昭は、剣道を仕事として生きようとは考えてはいなかった。しかし、仕事をしても剣道を活かし剣道に関わって行く方がよいとは感じていた。

昭は、オーストラリアが子供の頃より行きたい国であり、広い草原で伸び伸びと、時には剣道を行い指導し、時にはコアラのような動物と遊ぶなどと想像しただけでもワクワクしていた。巣鴨中学では優秀な成績で卒業したから巣鴨高校でも優秀であったかというとその通りにはならなかった。勿論、剣道では大会で上位に入賞して両親を喜ばせたが、学業の面では下がり続けた。それでも中ぐらいのやや上部を占めることはできた。

巣鴨高校での活躍は、剣道部に徹底した武道精神を植え付けたことであった。それまでは汗臭い部室と礼儀のできない部員で、いかにして相手を叩くかということに終始話題を繰り広げて、基本の振りや防具の手入れ、礼儀の正確さなどは話し合われていなかった。それを久保昭が入部して、最初に入室して掃除と部室の整理整頓を行い、防具の手入れを自分以外のものでもした。これを何度も目撃した主将の中倉は、昭の手を取り、「この伝統ある巣鴨高校剣道部で武道としての剣道を創ろう」と言った。その後、剣道部は全国大会で団体個人ともに常に上位を占め、礼儀正しさと気品さで優秀校となった。昭の巣鴨高校時代は、剣道のブームでもあったかもしれないが、この高校三年間は剣道以外には何も考えなかった。巣鴨高校三年生の秋、の久保昭は、かつて知人であったジョージ・ウイクリーの誘いでオーストラリアに行くと決めてはいたが、大学進学と海外で就職するという狭間で胸中は揺れ動いていた。両親に相談するのは、どちらにしても賛成してくれそうもないと考えていたから一人悩み苦しんでいた。昭は、憂さを晴らすかのように池袋の東口のジャズ喫茶に出かけて行った時、質素な女性に出会ったのである。

久保昭は、どのように声を掛けたらよいのか悩んでいた。その日は、そのまま見送り、その次の週も見送り、昭が「こんにちは、失礼かと思いますが、もしお許しくだされば…、ダメだ、できればだめだ、いやといわれたらそれまでか…」と言葉と格闘しながら色々練習して、一か月後に女性の前に臨んだ。しかし、久保昭の予想をはるかに超えた言葉がその女性から発せられた。

「わたし、間もなくドイツに行きます、父の転勤ですから仕方ありません。ごめんなさいね。でもお話ししたいから、どうぞ」

と言って、女性は隣席に細い白い指を向けて座るように促した。久保昭は、自分のことや剣道修行のこと、両親のことなどを相手の眼を見つめて真剣に話した。昭が全体を話し終えると、女性（深江芳美）は、身を乗り出して笑顔となった。

「テレビで見たわ。あの中学生でしたの。奇遇ですね。父も感心していたわ。剣道ってすごいですね。私もできるかしら」

「できます、ぜひやってください、日本に帰ってきたら一緒に稽古しましょう」

「ええ、やってみたいわ、本物の武道を、優しく教えてくださいね」

長い髪を振りながら芳美は、嬉しそうに笑顔を作ってから、右手を出した。久保昭は、恐る恐る右手を出しながら、「良かった、勇気を出して声をかけたから心が通ったんだ」と感じていた。久保昭にとって初恋ともいえる女性と巡り会ったこと自体、剣道に感謝しないわけにはいかなかった。この女性とは、この時が最初で最後ではあるが、数年後によく似た女性が入門してきたことには驚かないわけにはいかなかった。その女性は、久明館の総務部長の深江芳江剣士である。久保二代目館長が、初恋の女性と同じように決して陰気ではないが口数の少ないまじめさを持って剣道修行に励んでいる相手に、「高校生の頃お会いしましたね」とは聞き出せない状態で時間だけが経過していたのだった。

久保昭は、高校一年生で副主将、高校二年生で主将に推薦された。久保昭が主将になって最初に行ったことは、稽古の前の掃除と履物整理及び剣道防具の点検であった。すぐに稽古にはいる剣士が今まではほとんどであったが、「武道の剣道を徹底させて、ほかの人達の見本になろう」と部員全員に協力を求めた。二年生以下の部員は、昭主将に賛成したが秋の大会を最後にする三年生にとっては不満の材料となったのである。久保昭は、予想していたが実際に数人の三年生に迫られると、自分のからだ中に汗が滲み出てきたことを感じないわけにはいかなかった。

「お前、主将だからっていい気になるなよ、俺たちは最後に栄光を勝ち得たいのさ、この気持ちわかるか」

「巣鴨高校は、三年間、俺たちが支えてきた。お前の親父がすごい人だとしても、この高校とは関係ない。俺たちは稽古のみで行く、文句言うなよ」

「俺たち四人とお前が参加することになった。お前負けたらどうする、相手は強豪の都立杉並だぞ。しかも全員が三年生だ。こんなことしている時間などないはずだろう。皆すぐ稽古だ。話している時間がない」

三年生は昭を見下すように帰りかけた。

「分かりました。いいでしょう。その代わり大会の一週間後に、三年生と二年生で試合してください。五人選抜で、どうですか」

昭は、提案した。三年生全員の足が止まったが、元の主将田島五郎が昭をにらんだ。

「いい提案だ、大会の後に、真剣勝負ができるとは願ってもない。しかし、挑戦する度胸があるなら負けた場合どうするのか覚悟ができているのかな」

「負けたら全員が丸坊主になって、学校中の大掃除をやります。どちらも最高の修行になるはずです」

久保昭は、田島五郎の前で言い放ったのだった。田島が余裕を見せると、他の三年生も大声で笑い出して余裕のある真似をして、背を向けた。

東京都の大会は、暑い夏の休みを利用して開催された。剣道関係者が予想した通り、決勝まで勝ち進んだ杉並高校と巣鴨高校が対戦した。三年生の田島が苦戦しながらも残り一分の時に、相手が状態を崩した瞬間に、左胴を決めて勝ち、続く露木昇が浅い小手で技ありとして勝ち、残る二人が、面、小手を打たれて、二勝二敗になった。久保昭は、心で「勝てば優勝であり、負ければ準優勝になる。徹底した礼儀と平静さを失うな」と言い聞かせて相手を見た。「隙がない、強い、しかし、弱点はどこかにある」と昭が思った時、竹刀が嵐のように襲いかかってきた。久保昭は、ただ防戦するだけで、手足が思うように出ないのだ。久保昭はそのまま場外に出てしまい、転倒した。昭が場外から戻るとき、後方で父の姿が見え、父が大きく深呼吸したのを見逃さなかった。

「そうだった、呼吸だ、俺は呼吸を相手に見破られていた。よし、負けないぞ」と言って、昭は気合を発してから肩の力を抜いて、相手の面を右移動でかわすと相手の小手を打った、同時に「一本」の声。そして大きな歓声が沸き起こった。

数日後、巣鴨中学の教師や保護者、近所の人たちは口癖に言い合い、「剣道の三年生が大会で勝ってしかも記念に学校の大掃除をして卒業したそうだ。剣道の生徒は違うね。巣鴨高校の誇りだ」と話題になっていた。

久保昭の巣鴨高校時代は、剣道修行で明け暮れたがどうしても一度は海外に行きたいとの思いから十九歳にして、ジョージ・ウイクリーの待つオーストラリアに行く決心をしたのだった。嘉平師範も長男昭の意向を尊重し、「海外にいくことで一層剣道の善さがわかるだろう」とも考えて送り出したのであった。この時点では、父の久保嘉平初代館長が五年後に急逝してしまうなどとは微塵にも考えられなかったのだ。

第三章

人間を豊かにする異文化交流

第一節　オーストラリア人の武道精神

久保昭が海外に出た十九歳は、昭和三十八年で、その時期は日本ではプロレス興業が盛んになって、力道山が最大のスターであった。力道山の繰り広げる空手チョップは、空手技なのか合気道の技なのか等ささやかれ、更にプロレスは八百長か真剣勝負かとの論争も世間をにぎわせていたのだった。戦後十八年しか経過していない日本人にとっては、日本のプロレス戦士が外国人を倒す痛快さは格別であったが、一つのパターン化した戦いは徐々に人々を白けさせてしまった。その反面、武道のテレビ番組は柔道では「姿三四郎」「柔・やわら」があり、空手では梶原一騎原作「喧嘩空手極真」や「空手バカ一代」で一大ブームを喚起し、更に映画「燃えよドラゴン」では社会現象にまで武道を盛況にした。

一方の剣道はどうかというと、アニメ動画「ハリスの旋風」がしばらく子供世界を賑わせたが注目されるほどではなかった。昭和の中頃に放映された日本テレビの「俺は男だ！」は明るい高校生を剣道を通して爽やかにしかも清純に描いていた。この剣道青年によって剣道が汗臭いただ稽古に明け暮れるだけのものではないと理解させたことが普及に貢献したことは確かであった。

剣道の普及には、道場で稽古することも当然大切ではあるが、マスコミに出る時ほど影響を与えることはない。剣道の長所も短所も同時に露出されてしまうのだ。それゆえに師範先生、剣士たちは注意することが肝要である。いずれにしてもこの昭和三十年代の後半は、武道世界だけでなく日本にとって飛躍の時期だった。

日本から海外に行くときのビザの申請は複雑であり、時間もかかり、そして何よりも海外の飛行機運賃は、多額を要した。例えば、飛行機でオーストラリアまで行くのは当時、三十万円という上級公務員の一か月分の給料に匹敵した。一方、船で行くときはどうかといえば、約十八万円で行くことができた。久保昭少年が小遣いを貯金していたからといってこの金額は大きすぎた。しかし、この少年に寄付して援助した剣道の仲間によって、オーストラリア渡航の夢は実現化されたのである。この時も久保昭は、感激で泣くことになったが、違っていたのは泣きながら心から喜んでいたことである。

「俺がまず、海外で成功したらみんなを呼べる。だからとにかく俺は成功させなくちゃならない」という久保昭独特の責任感を発揮して燃え上がる心を少しだけ抑えて、空中に飛躍したのだった。

久保昭は、渡航する前にオーストラリアについては多少調べを済ませていた。オーストラリアがかつて英国の支配を受けて英語圏であることや、英国人が移住して広大な大地を開拓することで豊かな国に発展させたこと、多くの自然な動物と植物が生きていることなど、多くの人を引き付けるのは、久保昭も例外ではなかった。オーストラリアのシドニー空港に到着すると、ジョージ・ウイクリーは大きな手を振って迎えてくれた。約四年ぶりに見る昭の目には、ジョージの顔は日焼けして若返ったようでもあった。二人は走り寄ってハグしてから、昭の方から流暢な英語で、「ありがとう、最高にワンダフル、益々ジョージは若返ったようですね」と、言うと、「会いたかった、若返ったのは、君のような武道家と出会ったからだよ」とうれしいことを涙声で言った。

ジョージ・ウイクリーは愛車トヨタカローラに久保昭を乗せ、市内を数分間走り、船便で車を日本から運び、その車で眠って、オーストラリアまで苦労して戻ったと興奮して語った。久保昭は、日本の武

オーストラリアにて　久保昭十九歳
ジョージ・ウイクリー、家族と

道状況や経済発展の情勢について話し、更に自分の今後の目標を手ぶり身振り交えて熱く語った。だが、昭は「日本の武道の善さをオーストラリアの人に伝えることが一番の自己の責務です」と言うと、ジョージは、「君と両親先生には恩がある、最大の協力をするつもりだよ」と笑顔で約束してくれた。

夕方近くに、ジョージの自宅についた久保昭は、玄関に置ききれない、いっぱいの花と大きく筆字で「久保昭君歓迎」の文字には驚くと同時に感激させられた。久保昭は、通常の人よりも涙腺が緩い方であったから目頭を押さえて立ちすくんだままでいた。突然、大勢の男女が拍手とともに出て来て昭を取り囲んだ。久保昭は海外で初めて盛大に出迎えられた記念すべき日であった。

次の日の朝、早速昭先生は、竹刀を手にして、握りから素振り、足捌きと踏み込み、気合と礼法そして稽古着についてまで丁寧に解説した。

「稽古はもちろん大切です。しかし礼儀を忘れては武道ではありません。武道は礼に始まり礼に終わる、これは人間の心です、単なる形式ではありません」

五十人近くも剣道のセミナーに集まり、実際に入門したのは男女混合で七十人を超えていた。少年少女は半数ぐらいで、成人の男女と一般の主婦たちが多いことには、久保昭は驚かされた。オーストラリアでは、日本の武道ブームではなかったが、若者に限らず日本に興味を抱く人が大勢いた。その中でも日本の文化である、武道、茶道、日本画は大人気であった。昭は、自分が先生として剣道を指導するにあたり、「生徒が集まらなかったらどうしよう」とか、あるいは突然、「決闘してほしい」との武術修練者がいた場合、どのように対処するべきかなど妄想していた。しかし、現実は久保昭師範の予想に反して夜中まで大盛況のうちに無事終了した。

その夜は、ジョージ・ウイクリー宅の応接間でおいしい酒を酌み交わし、家族のことや日本の武道の状況、経済など多岐にわたり議論と意見交換した。この時に、久保昭はほろ酔い気分であったが、ジョージ・ウイクリーの長女ヘザーのことを初めて知った。ヘザーに父親ジョージが、「日本から剣道の武道家が来ている、お前も会いに来なさい」と言ったら、「素晴らしいわ、パパの友人にそんな方がいらしたのね、すぐ行くわ」というより早いぐらいに実家に戻って一週間も滞在した。久保昭の剣道の指導ぶりが、ヘザーには神々しく、頼もしく見えた。「これが剣道、礼儀が凄い、姿勢が美しい」ヘザーは、久保先生の下で私もできないかしら、私のダメな精神を変えることができないかしら、と内心で考えた。久保昭先生に尋ねてみようと決心したその日に、事件が発生した。

「久保先生、私と戦ってください、お願いします」

髪の毛が乱れている以外は、全く隙がなく、見るからに野獣の目をした袋竹刀を持った男は、一人の少年を連れて突然に指導中の久保昭の前に立った。昭は、すごい腕の持ち主であると感じたが、一度は誰かと闘わなければ剣道の強さと奥深さを知ってもらえないと考えていたから、ちょうどよい機会ではないかと判断した。それにしても精神統一しなければ相手に倒されてしまう。「冷静になること、無の境地だ」と久保昭は、顔を上げて相手を見た。

「申し込みをお受けしましょう、どうぞおあがりください」

相手が支度するまで、昭は座禅で黙想していた。ヘザーが「誰か止めてよ、パパはどこ、呼んできて」、などと予想していた昭は、ヘザーが一番良い席を占めて両者が対峙すると拍手したことで気が散った。その瞬間、袋竹刀が雨あられのように昭を襲ってきた。久保昭は防戦に徹していたが、相手が袈裟斬りから上段に構えなおす瞬間に胴目指して得意の突きを放った。これには袋竹刀の男も防止できずに、大きく後方に飛ばされて転倒した。久保昭は、呼吸を整えながら相手に向かっていった。袋竹刀の男は、荒い息で昭を睨んでいたが、昭が小手を外して、手を差し伸べると、応えて手を出した。

一礼をした剣士は、お互いに「ありがとうございました」と発した。袋竹刀の男は、自分をミッキーと名乗り、呼び寄せた少年のマイクと深く礼をしたのだった。場内に、先のヘザーのものの数十倍の拍手が起こった。後方に到着していたジョージ・ウイクリーは笑顔で頷いて満足げであった。

オーストラリアの女性ヘザーは、大変な情熱家であり、奔放な気質、信念をしっかり持ち、陽気であるが芯の強い人間であった。久保昭はヘザーを、外国人であるが日本の高校生より日本を知っていて政治から文学、歴史、思想、芸能などは自分よりも知識豊富であると思った。ヘザーと昭は、よく砂浜に出かけお互いの将来や目標、希望などについて夕日が沈むころまで語り合った。ヘザーが一番関心があっ

ヘザー・ウイクリー氏と

たことは久保昭のことで、父親と母親、剣道の修行、少年時代には特に耳を傾けて、時には話途中に質問までするほどの関心を示した。

剣道の人気も広がり、数か月過ぎた浜辺で、ヘザーと久保昭は、一つの約束を確認しあった。それは、「今は無理だが三十年過ぎてもお互いが独身であったら、結婚しよう」ということであった。なぜにしてこの時に、三十年もの先を男女が約束通りになれる、と久保昭は、真剣に考えたのか自分でもわからなかった。また、ヘザーにしても本心で言ったのかわからないが、この言葉を書き留めて封筒に納めてお互いが各一通づつ大切に保管したことで冗談や一時の気まぐれではないことは確かだと久保昭は確信した。

久保昭の二十歳の祝いがジョージら数十人によって盛大に行われていたころ、ビザが切れるとの知らせが観光協会から届いた。

オーストラリアの旅はビザの関係から一年であったが、昭の剣道普及にとってはあっという間でしかなかった。剣道という武道を外部から初めて見つめて、いかに日本武道が海外で絶賛を受けているか知った。そしてそれよりも剣道が奥深く、修行に毎日励んで生涯に父親を越えることなど不可能ではないか、と久保昭は、心から感じた。そして言葉が正確にできていなくても、誠意ある指導と熱意があれば必ず武道を理解してもらえるとの確信を二十歳の久保昭は、悟ったのであった。また、ヘザーという海外の女性に出会うことで「まごころと気遣い」を失わなければ、性別と年齢には無関係で理解されることも学んだ久保昭であった。

オーストラリアを離れるまでの数日間、ヘザーとドライブや散歩で別れを惜しんだ。昭は、この女性と結婚出来て日本に連れて帰れたら最高なのだが、と願ってはいたが口には出せなかった。だが、ジョージ・ウイクリーとの酒の席で、「先生、誰か相手がいるのですか」と聞かれたときは、「いませんから、ヘザーと結婚させてください」と言いたかった。しかし、それでは師匠の両親や剣道師範などに「海外に行った目的は、結婚相手を探しに行っただけ」、と非難されるのは予想できたし、剣道普及を始めたばかりで気が回らず逆にヘザーを苦しめてしまうのだろうと考えたから「またお会いしましょう、必ず」と言っただけであった。ジョージも目を輝かせてしっかり手を握り返し、「最高の友」と言って昭を抱擁したのであった。

久保昭は、ビザが切れる直前（三日前）、船便の手続きが事務ミスで困難を極めていたが、普段の善業の賜物がこれを救った。スザンヌとはこの時に出会わなかったが、ビザの延長申請で慌ただしく渡航係と交渉中に、栗毛の女性が通り過ぎて行った。久保昭は、「なんて魅力のある女性だ、あの人が剣道着を身にまとったならたら更に美しいだろうな」などと見ていたが、それどころではない。結局、ビザは切れてしまい、久保昭師範が船便で日本に帰ってきたのは二十歳の時である。

第二節　逆境と順境の間

久保昭は、自分では情けないなどとは感じなかった。だが、板橋の実家の道場に向かうまで「父親先生になんて説明すればよいだろう。褒めてはくれないけど叱られることはない」と信じて、昭青年は道場の玄関に背筋を伸ばして立った。神前に静座していた嘉平先生は、隙が無く達磨大師のように悠然として瞼を閉じて腕を組んでいた。久保昭青年の表情がやや明るさを失った瞬間と嘉平先生の口が開いた時は同時であり、さらに先生の両目が開いて昭を凝視すると昭は、姿勢を正すしかなかった。

「男が一度口にしたことを取り消すな。なぜ戻ってきた。志をなすまで帰ってくるな。苦労が足りない。一からやり直せ」

この嘉平先生の穏やかではあるが、突き刺すほどの気迫のこもった一言ひとことの語彙には、昭青年の心にあまりにも重くのしかかりその場から動けなくなった。そこに現れた母親に、「疲れたでしょう、食事して休みなさい」と言われたことで久保昭は、涙が止まらない程になった。二十歳の青年が久し振りに実家に帰宅することが、どんなに心を癒せるのか容易に想像できる。しかし、久保昭はそうならなかった。昭青年がとった態度は、涙も拭うことなく一礼するとその場から駆け出して去ってしまったのだった。久保昭が赤塚に引っ越してきてから何かと訪れた赤塚東公園に、全力で走り、そして泣いた。悔しくてくやしくて自分の無力さと未熟さと父親になにも認められない虚しさで、昭は初めて大声で泣いた。背中を撫でられた母親の腕の温かさも感じることなく、泣きつくした。

「大丈夫、お父さんは心では心配して夜も眠れなくてイライラしていたわ。無事に帰るまで、先生は照れくさいのでありがとうなんていえないのよ。だから戻ろう。昭が大好きなすき焼き作って、母さんは早く帰るのを祈っていたわ」

「母さん、ごめんね。俺も本当に、早く帰りたかった」

「さあ立って。清も会いたがっていたのよ。私はいい息子に恵まれて、幸せだよ。お前が元気でいてくれればそれだけでいい。生きていてくれればそれだけでいいの」

「ありがとう、母さん先生。でも俺帰らない。父さん先生の言うようにきっと自分で決めたことをやり抜いてみせる。自分の力で剣道を世界に広めて武道を世界に普及させてみせる、その時は先生だって認めてくれるはずだ。いいでしょう母さん」

「お前は生まれて来た時、泣かなかった。強い子だったのでしょう。苦しさも悲しみも覚悟できるはずよ。やりなさい。それがお前の道かもしれない。人間は自由の道を自分で選ぶしかないのよ。できるわ。分かったわ、さあすき焼き一緒に食べよう」

と言ってから昭の手を握った。昭は笑顔で頷くと、母親を包むように肩に寄せて公園を後にした。久保昭は、この公園で母親の手がすっかり細くなったことを感じていたが、母の愛情の深さを再認識することが優先されたために言い出すことはなかった。

久保昭が海外で知り得たことに、高校の卒業ではアメリカで働くことも難しく、ましてや永住権を取得することもできないということである。

日本の昭和三十九年は、全国的に高度成長期であったから、学歴はあまり問題にならなかった。だが海外で働き永住権を取得する事は不可能にも匹敵するほどであった。そんなことにも屈しないで、挑戦しようとする闘争心が二十歳の久保昭には、芽生えていた。三月に入るとどの大学でも新入生の募集はすでに見当たらなかったが、唯一、一日だけの猶予ではあった日本大学農獣医学部があり、見事に満点で合格して入学ができたのである。

農獣医学部では、久保昭が最初にしたことは馬の糞尿の掃除と馬に乗って運動させること、そしてえさを与えることなどであり、朝が早いだけにそのまま馬小屋で寝てしまったことが何度もあった。

馬の世話をしながら、先生に馬のことを聞いた久保昭は、馬は賢く神経質で繊細、馬の嫌いな人を判断できるということであった。久保昭が幼少の頃、父親が板橋に道場を開設する数年間、赤羽に生活していたがそこでは、犬や猫、ヤギや亀、金魚、鳩やインコなどを飼っていたことで、動物には親しんでいた。このことで久保青年は動物には人間と同じように生命があり、大きくはないにしても感情を持っていることを確信していた。そんな気持ちを日本大学側では、見抜いたのか、久保昭を迎え入れ、馬の飼育を責任者として一任し、一目置いたのは単なる偶然ではないだろう。いずれにしても馬が久保青年を何の違和感もなく受け入れ、むしろ上機嫌で生き生きしていたのを同窓生が認めていたのだった。

だが、何でも全てがうまくいくとは限らず、どこかに問題が生ずるもので、久保昭が馬を知り愛情があっても全てが問題ないとは言えなかった。実際に後から送られてきた栗色の生後間もない若い馬が、久保青年に後ろ足で一撃を加えてろっ骨を折る事件が起きた。幸いにして昭の生命にまでは影響なく一か月も休養して、勿論、その間も彼は馬にえさを与えることは休まなかったが、元気になった。これには大学の教師や教授だけでなく、生徒も部員も驚いたが、異口同音に、

「剣道はすごい、武道というもののすごさだ、俺にも剣道を教えてくれ」

などと質問攻めや嘆願する生徒がしばらく続いた。

栗毛の馬はどうかというと、久保昭の不屈の精神を垣間見たことや、昭が蹴られても何もなかったように平然と掃除をして食事を与えてくれる態度に感銘を受けたかの如く素直になって、昭を慕ってしまった。久保昭が休んだ時などは、食事をとらなかったし、運動時間もただぐったりして横たわっているだけで、「主人は久保昭だけだ」というような行動をとったのだった。

久保昭の大学時代は、青年期であることで、なんにでも可能性がつきまとい、活気に満ち溢れていたが、渡米することが目的であったから費用を用意するために横浜の三菱造船所でアルバイトに専念した。甲板で夜昼構わず、体中を泥まみれにしての掃除であった。横浜港の公園で、若いカップルが土曜日や日曜日に賑わう風景を気にしながらも、歯を食いしばり手足を自由自在に、活用してデッキを磨いた。

「今に見ていろ、この苦しみを喜びに変えてやるから」

久保昭は、必死になって仕事に打ち込んだ。温かな季節はまだ船の上の作業に影響はなかったが、十一月を過ぎたころから甲板での水を使うことだけでも体に堪えた。とくにマストのペンキ落としは青年昭に相当に堪えたのだった。

造船の仕事があと少しで終えようとしていた二月の初めに、昭はマストから海の中に真っ逆さまになって沈んだ。氷のように寒く暗い海中では流石に昭は、

「もうだめか、人生もこれまでか、冗談じゃないぞ、これからなんだ、俺の人生は」

そのように内なる元気を出して、手をばたつかせた。久保昭の体が水面に浮き上がって、泳ぎ始める

日大時代の久保昭（写真最左）

と意外に進んで行った。

海面を這い上がった久保青年に向かって、突然大きな拍手が起きていたのだった。久保昭は、何が起きたかわからないまま、目の海水をぬぐいはらってから両目を凝らして前方を注視した。すると日本人だけではなく、国籍不明な外国人が数十名並んで水中から見事に脱出した日本の青年を讃えていたのだった。久保昭にとって確かに苦しい場面ではあったが、称賛されるほどのことではないと感じていた。全員が昭青年を取り囲んで毛布や暖かい飲み物を提供されたことで、「国籍など関係ない、人間の心は全てを越えて一つだ」ということを肌で知らされた思いであった。

久保昭は念願であった渡米という目的達成のための費用を確保できた。

横浜港の関係者は久保昭に対して横浜にずっと滞在して剣道を教えてほしいとの要請があった。しかし、当初の目的を変更することはできないと久保青年は丁重に拒否して、後ろ髪を引かれる思いのまま渡米する旅路に一歩踏み出した。

昭和四十年の四月、久保昭を乗せた旅客船は横浜港からサンフランシスコまで十日間休むことなく、太平洋上で昼夜を過ごして到着した。船の旅では、誰もが同じように食事をして、時に釣りを楽しみ、時に自己を語り、文学や芸術、文化と伝統を共に語り合い、電車や飛行機の旅とは異なり友人を得ることも少なくない。久保昭は、横浜での「寒中水泳事件」(誰というわけでもないがそのように命名された)があったので、多くの人が関心を持っていた。

ジョン・ジャクソンというイギリス人は、新聞記者でありながらギターを弾いてさびしげな歌を口ずさんでいた。久保昭がなぜか甲板で竹刀のない素振りをするたびに、現れては語りかけるようなメロディーで海原に美声を聞かせていた。自然とお互いに挨拶し、そして親しくなっていった。久保昭は、アメリカで永住権を取得できるなら職種は問わないと決めていたから、ジョンが写真撮影と現像の仕事を持ちかけてきたときは、二つの返事の後、頭を下げて履歴書を手渡したのだった。

ジョンの仕事は、合理的で経済的な方法であった。「キャラバン」という大きな自動車をスタジオに改造して、全米を走って写真撮影を実施するものだから、仕事はいくらでもあった。ジョンと共に行動するのではなく、自分も撮影業務を営業しながらの撮影なので休む時間がなかった。久保昭は、写真自体が幼少から好きなだけに、積極的に取り組んで成績を伸ばしていった。ジョンが地方で撮影したネガフィルムを、小さな事務所で待つ久保昭が現像してプリントまで仕上げるというシステムは低費用のわりに大きな利益が確保できた。スタジオ費用もかからず、出来上がりもきれいであったことが客を満足させ、そのたびに感謝され、時には撮影費用以外にチップを受けとることができて、久保昭としては、「人に感謝されるほど気持ち良いものはない。人は感謝するその表情ほど美しい瞬間はない」ということを学んだ。そして自分が小学時代に、同級生に剣道を勧めて、その子供が元気になったことや中学時代に剣道仲間と僅かではあるが小遣いを集めて恵まれない子供にカンパしたこと等は決して間違っていなかったと確信したのであった。

昭和の四十年代は、高度成長期の日本ではあったが、まだまだアメリカで就職して働く人口は多くはなかったから、久保昭の存在は目立っていた。昭青年が二十歳を僅かに越えた年齢では町の中で目立ち、「ようこそ、ジャパニーズ」などと声をかけられて、早口で英語を話し出して困ったことがあった。

久保青年は写真の学校に通うことを決め、そこで写真を本格的に習い、さらにアメリカ英語を習得しようと考えた。プロになるために新聞社で研修体験を願い出て、二年間出向して一人でも業務出来る能力を習得した。同時に報道の資格まで取得して、時には重大な事件現場に直行して激写したことで、報道カメラマンの仕事を行えるまでに成長したのだった。クラニカル新聞社では、写真撮影者として現像する技術者としても久保昭は評判がよく、親しくなれば「あきら」とか「あきー」などと呼ばれる親密な友人もできた。久保昭が剣道の先生だと知ってからは、「先生」と敬称で通じるほどになった。三年後には、数人であったがついに生徒が誕生した。

サンフランシスコの郊外で、土曜日の夕方に二時間だけの稽古が始まったが、少しずつ生徒の数は増えていった。その中で誰の目から見ても美しいだけではなく、均整がとれて絵になるほどの若い女性、(パトロシア)が入門してきた。若い女性は気になるが、剣道の先生という立場からして久保青年は、平然と不動心の態度を崩さなかった。剣道の評判は日々大きくなって、地方から老若男女が殺到してきたのにはさすがに久保昭でも疲労困憊してしまった。

「私が、先生を補佐します、何でも言ってください」

パトロシアが久保先生の前に出て、恥ずかしそうに美しい唇を震わせた。

「ありがとう。大丈夫です。気を使わないでください。ありがとう」

久保明は、いつもよりゆっくり発音に気を付けて英語で応えた。

「私は以前から日本人の武道家に憧れていました、先生のような武道家に、フランス人の私もなりたいのです。何でも言いつけてください。何か先生のお役に立ちたいのです。お願いします」

今度は、大きな声で流暢に話した。

久保昭は、パトロシアに限らず、海外の人たちが日本の武道を教える先生を尊敬していて、武道家は全員が立派であり礼儀正しいと思い込んでいることを実感した。しかし、実際はどうだろうか。勿論、立派ということがどのようなことなのか、礼儀正しいことは何をもってどの程度で礼儀ができていると判断するのか，正しく答えることは容易ではないだろう。海外の人が武道家をイメージする場合、言葉遣いや礼の仕方、服装の正しさ、立ち振る舞い全体を評価しているように久保明は判断したのだった。

仕事と剣道の稽古の両立は、長年鍛えた久保先生でも困難を極めていた。部屋の掃除や食事の支度をパトロシアが担当してくれても、久保青年が若い時期であっても困難だと実感していたころに重大な異変が起きたのだった。

第三節　離別の必然性

写真撮影技師として久保昭は、アメリカに永住権を取得してからも仕事に打ち込み、毎日が多忙であった。

「父親が死んだ」

久保昭にとって、父親であり、剣道の師という大きな存在の尊敬する嘉平先生が…。しばらくは微動する事も出来ないほど衝撃を受けた。市民権を取得する直前であっただけに、なおさら昭は、ただ残念であった。

「そうだ、日本にすぐ戻ろう」

久保昭の行動の速さは、剣道で鍛えただけに言葉よりも実行が先で、当時では後に続いていくことが不可能といわれていた。それでもパトロシアは、帰国の準備や手荷物を素早くまとめて昭を見つめた。

「お願いです、必ず戻ると約束してください、何日いえ一年でも待っていますから」

パトロシアは青い目に涙を浮かべて哀願した。久保昭にとって若い女性に、このような申し入れをされたのは初めてであったから、どのように言うことが最良かは判断できなかった。久保昭の胸には、「どうして元気だった父親が。母は大丈夫か、早く帰ろう」との思いで、目の前の若い女性にも、「必ず戻る」とだけ答えるのが精一杯であったのだった。昭は少年のように家の前でも飛行場でも羽田についてからさらに懸命に走って走りぬいた。

「平常心」と心で何度も唱えてはいたが、久保昭二十四歳の若さで、親の死に目に会うことができなかった悔しさを乗り越えて落ち着くほど人間が完成されていなかった。それは当然であって、武道の達人でも無理と思えるのだから、青年時期の武道家には落ち着く方が無理ということである。

嘉平先生は、静かに横たわって、昭に話しかけることも見つめることすらしないで、無言を通していた。久保明は、父の横で、母親と実弟の清少年に言葉をかけることすら忘れて、父の前にひれ伏した。

「先生、お願いです、もっとしっかりしろと怒ってください。良くやっているよ、と一度でいいですから褒めてください、お願いです」

明は、嗚咽して座り込んだ。

母親の久保二子は、涙ぐんではいたが気丈にも昭に病床の様子や先生の言った言葉をゆっくり話し始めた。それによると、久保嘉平師範は自分の体調を知っていたらしく稽古の後はすぐに休んでしまったが、昭のことを一番心配していたということだった。

「昭は、私に似ているが私より心が優しい。子供の頃から向上心、好奇心が旺盛だ。古きを大切にして新しきを知るということを実践していることが理想的な武道家といえるのだ。母さんあの子は世界に飛び出す人間だ。見守ってくれ。日本だけなら清で良いが、世界で通用する師範は昭だ」

昭はこのことだけで胸がいっぱいになって、父先生に対しての感謝や厳しさの中の優しさを実感して涙を床に落としてしまった。

久保明が、父親の葬儀から初七日まですませたその夜遅く、師範たちを見送った後で再び家族三人で食卓を囲んだ。

「昭、東京の道場は私と清で守るから、アメリカで剣道の道場をやってみなさい」

母の二子は、疲れ果てた重い体を丸めて、やっと口を開いた。母の頭部の白髪が多くなったように感じたが、昭はこの数日の疲れからきているとしかこの段階では判断できなかった。また、実弟の清が海外で生活している実兄を羨ましく見ている様子も感じた昭は、申し訳ないという言葉がなぜか出せなかった。昭にしては、父親のそばで叱られても、注意されてもお父さん先生と話ができた弟を反対に羨ましく思っていたことが邪魔していたのだった。それでも昭は、弟の清に目を向けた。

「ごめん、俺が、すぐに来ることができなくて」

「いいよ、俺と母さんで兄さんの分まで先生と話しておいたから、それに父さん先生と母さんと俺の分アメリカで剣道広めているのだから、先生喜んでいたよ」

清は笑顔を作ってから、泣き出して伏せた。

「昭、父さんの願いでもあったのよ、外国で剣道を、久明館の剣道を広めてね。お父さん先生が言っていた、武道で世界平和を実現させることよ」

「必ずやるよ、清それまで頼むぞ」

「うん、兄さん、体は十分気を付けて。危なかったらすぐ、切り返しの技を使って、やっつけてしまいなよ」

「そうだよ、生活に剣道を活かすのだよ。でも大変だったら無理しないこと。帰ってきてもかまわないよ、自分の道場なんだから」

「分かった。俺のお父さんに誓ったこと必ずやって見せるから」

久保昭は、父の位牌の前で再び宣誓した。

風の冷たい横浜港で、昭と母親の二子は長い別れを惜しんでいた。何度も横浜に降り立った久保昭ではあったが、今回ほど辛く悲しく夕凪が肌に刺すような冷たさを感じたことはなかった。この時ほど母親の表情が暗く、口数が少ないこともなかった。母親の二子は元気に息子を送り出そうとしたが、なかなか言葉が見つからないまま時間までできてしまった。

「昭、また帰ってきてよ、いいね、自分の家は先生の立てた道場だよ。兄弟でしっかり守って、頼むよ」

久保二子は、両手を合わせて離れて船上に向かっていく昭の後ろ姿に叫んだ。昭は、立ち止まって、「何か変だ。〝兄弟で〟…母さん、どうして」そのように思いながら振り返ると、すっかりやせた姿を隠すことなく涙目になっている母の姿があった。久保昭は、母親を心配させてはいけないと感じて、「来年の春には一度帰るから」と大声で母親に、両手を振って見せた。母親は頷いてはいたがどこか寂しげであり、風に吹かれている姿は弱々しく見えた。久保昭が直感で感じたことは、「もう二度と会えないのでは」であった。そして残酷にも、母の久保二子が、実の息子で長男の久保昭に再び生きて会うことはできなかった。

世の中は平等にできていない、との思いをして久保昭が、再度日本に戻ることになったのは残酷というほかにない。久保青年の野望が両親のためといいながらも、海外に生活しての活動が、両方の親の死に際に会えなかったのは皮肉というほかにないだろう。アメリカにわたって剣道の普及を目指していた青年が、志の途中で日本に帰国するのは、無念だがそれの何倍より両親の死に立ち会えなかった悔しさは、表現しようがないほどだ。

帰る飛行機の中で、久保昭は思案していたが、分からない、答えが出ないのだ。「人間」はなぜ生きるのだろうか。人間に何が大切なのか。両親への感謝、先生への恩などこれらの中で最重要なことは何か。それとも全部だろうか。昭青年は二十四歳になっていたから解っているつもりでも何も考えられなかった。ただはっきりしていたのは、悲しいことよりも自分の運命的な人生が、親を置き去りにしてしまったようで自分自身に腹立たしい思いが一気に噴き出してきたことは確かであった。

父の一周忌を一点の落ち度なく気丈に来客者を迎えていた館長代行の母が、どんなに大変だったか、昭に想像することが容易であった。それから半年もたたない頃に母親が目眩で突然に倒れてしまい、病院に入院したため、久保昭は再度帰国したがその時は元気であった。再び、アメリカに行くときは母の二子がどうしても横浜港まで見送ると昭に行ったことは不自然であり、なぜなら前日夜が更けるまで父先生の話から始まり、結婚したいきさつや新婚旅行を熱海に行ったこと、昭が生まれる前には伊勢神宮まで願掛けに行ったことなど一度も今までに聞いたことのない逸話まで話してくれたのだった。

だから横浜港の桟橋まで、まだ肌寒い夕方に見送ってくれたことが、昭は何か隠し事があると予測していたのだ。それが父先生の一年後に後を追うようにして旅立つことだったと昭青年は考えていなかったが、もしかして、という悪い予感はしていなかったとも言い切れない。

父先生の時も突然であったが、母先生の死別も横浜港で別れた一週間後に永遠の別れになるとまでは考えていなかったのだった。

久保昭を乗せたタクシーは、板橋の本部道場に止まった。昭は「久明舘」の文字が凛々しく雄大で、威圧的ではあったが、誇らしく気品の善さを感じ、自然と頭部を傾けた。久保昭がまず行うことは、館長としての挨拶のはずであったが、実弟の清や数名の師範が居並ぶ中で最古参の師範矢板正久七段が静かに口を開いた。

「昭師範、館長がお待ちしていました」

　矢板は、昭を見ないで礼をした。

「館長が、待っているって、何だって！」

　久保昭は実弟が引き下がっていた所に進んで、腕をとって奥の方に入っていった。

「何をやったのだ、清、説明しろ」

　昭は、意気込んで一気にまくし立てた。

「許してくれ、兄さん、師範会の人たちがどうしても、俺に館長になれと言って、そうしないと生徒を全員辞めさせる、そう言ったから、俺…」

「そうか、なるほど、そんなことだったのか、思った通りだ。だが、清なぜ待てなかった。俺が帰ってくるまでなぜ館長を名乗ったのさ。海外にいる兄に相談するとなぜ言えなかった。このままだと師範たちによって操り人形になるだけだ」

「兄さん、俺は館長なんて無理だ。アキレス腱を切ってしまい、海外での経験もない。大会に参加したけど入賞もしていない。兄さんに任すよ。兄さん、俺は補佐するだけにして。いいでしょう兄さん」

「ありがとう、清よく言ってくれた。悪いようにはしないから安心してくれ。あの師範たちは初代館長の功績を自分たちのものにするようだ。絶対許せない」

「それじゃ辞めてもらうの、師範会の先生方に」

「ああそれしかない、ただし、師範たちには感謝状を用意し、更に盛大な謝恩会を開催することで、誠意は見せるつもりだよ」

久保昭は、久明館が多少の損失を生じても仕方ないと考えた。「会者定離《えしゃじょうり》」という仏教の考え方、あるいは平家物語にある一節のように、「人間出会えば、必ず別れる」ことを最近に痛切に感じた昭にとって、恨むこともなく軽蔑するでもなく、師範たちの立場を十分に尊重しての行動であった。

久明館を去る人があれば、久保昭が館長になったことで幼児の頃から剣道を始めて休んでいた少年少女も一か月を経過した新年を迎えたころ数名戻って来た。

「昭先生、館長、館長先生」と呼ばれてやっと久保昭館長になった実感を得た久保昭二十六歳の秋であった。ただ、ここで館長はそれでいいとしても、三代目とした方が良いのだろうか、あるいは母先生が言われていた、

「お前が館長を継ぐ方がよい。清はあくまで道場の責任者つまり道場長ということ。私は単なる父先生の代行だから」を考慮した方が良いのかもしれない。

アメリカとオーストラリアである程度の実績を上げてこれからというときに、両親の急逝は久保昭館長に衝撃的事実なのも確かで、自分の夢を実現できないままに帰国して道場を維持するのだから、母だけでなく父も願っていたのだから、二代目館長と名乗ることが自然である、と決断した。

久明館の剣道を普及させるためには、どんなアイデアでも受け入れようとした二代目館長の思いは、海外の人を積極的に受け入れ、生徒確保のために東上線沿線に大きくなくてもよいから本格的に学べる道場を開設することに始まった。こうして東上線の大山駅、朝霞駅、志木駅、上福岡駅、川越駅、更に都営三田線の高島平駅にも順次開設して四十人から六十人、多くては百人の生徒を会員に登録できた。

順調に剣道の道場は運営でき、二年間は、久保昭二代目館長の武道修行は充実して大きな野望が実現されるまでになっていた。久保昭は、館長になっても子供たちや女性には特に丁寧に解りやすい言葉を選んで指導した。その成果は口コミになり、お母さん同士の会話でも剣道のうわさが広がり、兄弟や姉妹、家族での入会が相次ぐ毎日で、館長は実に多忙を極めていたのだった。

二代目の館長になる前に、久保昭はアメリカの職場で、やがて結婚する相手となる黒髪の長い日本人と決定的な出会いをした。母親二子先生の死去の知らせを現地で昭が聞いた時、

「もうアメリカでもない。海外では五年間懸命に努力したのだ。日本に帰ろう。道場を自分がやる。費用だ。早くしないと、そうだ、夜も働こう」

と考えて近くのレストランで夜間にウェイターの仕事とホテルのポーターを兼務して眠る時間を削ってまで労働に従事した。ここで昭が感じたことは、いざとなったとき必死になったぎりぎりのところでは、暑いとか寒いとか苦しいとか、いやだとかは問題にならないということであった。一週間も過ぎたころ、時々昭は、「寝不足は武道の稽古に無力かもしれない、人間は所詮、生き物であるから」などと弱音を吐いてしまったものであった。

ある雨の強い日の夜間、外階段で弁当を食べていた時に落ちた箸を取ろうとして体を傾けたと同時に濡れた階段を踏み違えて転んでしまったのだった。雨に濡れながら昭は、体勢を整えようとしていた肩に柔らかな手が差し伸べられた。この人は女性だとは分かったが昭は、声を先に出してから顔を見た。異国での危機の時に、助けてくれることの大きさは通常のものとは比べられない。久保昭は、泣きたいほどにありがたかった。またその女性（松沢俊美）は、色の白い面長の黒い目で昭を見つめたから、弁

当のことや雨が上がったこと、打撲したことなども問題ではなかった。

久保昭の怪我は、病院で検査を受けたが、特に異常はなく簡単に包帯を巻いて薬を渡されただけであった。松沢俊美という日本体育大卒の容姿端正な日本女性はやさしかったし、言葉使いも美しかった。この日は久保昭青年が疲労の頂点であり、朝から冷たい雨が降り続いていたにもかかわらず、来客は通常よりも大勢が詰めかけていたのだった。昭は俊美がウェイトレスで懸命に働いていたことは知っていたが、「よく働く女性」という程度の印象であった。

久保昭は、日本人の女性に対しては悪い印象がなかったが、これほどにまで心から親切にされたことがなかった。だからと言ってこの事件だけで昭青年が、日本女性の俊美に恋心を抱いたのではない。松沢俊美は、日本でも優秀な運動系の大学で陸上の選手として活躍し、青少年には正しい体育教育が大切であることや老若男女と国籍を問わず自分の身体は医者に頼るものでもなく、薬に依存してはならないとの堅固な意思を持っている、現代ではまれなる存在であった。

久保昭がこれから三代目の館長（この当時は三代目の館長と考えていた）として道場の運営をしていくために、この女性がそばにいてくれたら心強いであろうと感じたから、何度か会って意見交換してまでお互いが真剣に向き合った。二人が話すたびにお互いを認め合い、それから、昭は俊美が日本に帰っても会うことを誓って一度は別れた。

このような状況がアメリカで進行していたころ、日本では、昭の弟清が、師範たちが紹介した日下部明恵という女性と婚礼を上げ、披露宴が数十名の師範たちと先生方でしめやかに執り行われていたのだった。集まった古参の中の末端に座っていた、塚田邦夫は祝杯を浴びている師範たちを横目で見ていた。

「こんなことして初代館長は、許すはずがない、これは間違っている」

独り言のようにささやいたつもりだが、偶然に通りかかった赤ら顔の辻師範に言葉が届いていた。

「お前、今何と言った、もう一度行ってみろ」

「独り言です、気になさらずに」

「間違いでなければ、〝こんなことは初代が絶対承知しない、間違っている〟と言ったな。そうだろう。はっきりしろ」

「ええ、言いました。これは間違っている。清師範では荷が重すぎると感じます」

久保清は、中心の席に座って盃を手にしていたが、この言葉を耳にすると手の盃を落として首を下げてしまった。辻師範は、二人を見渡してから、

「馬鹿野郎、若造が、お前に何がわかるものか」

大声で怒鳴ると同時に右の拳で殴った。道場の中に鮮血が落ちたのは、先にも後にも久明館道場ではこの時だけであった。

三代目（謙虚に何代目にこだわらないが一旦は実際に三代目とした）になってからの昭は、各道場の稽古指導に専念した。その成果は生徒が一気に増えたことで証明された。昭和四十年代の日本は高度成長期の後半であって、全ての産業が向上して好景気であったから、日本人は希望に満ち溢れていた。

昭和四十五年の十一月、久保嘉平先生の三回忌を無事に終えてほっとした昭二代目館長は、テレビを見ると、その日割腹自殺した三島由紀夫の話題で湧いていた。マスコミも市谷周辺の住民も騒然となり、

テレビ中継にくぎ付けとなっていた。「潮騒」や「金閣寺」あるいは「仮面の告白」の作者は、剣道に大変理解され、自らも稽古に励んだといわれていた。それだけに剣に対しては思いが深く、このような人物が世を去ってしまったことに久保昭館長は、落胆した。しかし、世の中の理解者が一人でも減ることは残念だが、だからこそ自分がやらなければと改めて奮起する勇気を昭館長は失わなかった。雨であろうと雪であろうと、電車が不通になれば、自転車であっても走ってでも、久保昭は稽古を休むことがなかった。

アメリカから帰国してから松沢俊美はどうしたかといえば、久保昭に従って帰国の時も同行し、道場にそのまま生活を共にした。というより俊美が久明館の道場に住み込んでしまったという方が正しかったのだ。久保昭は、俊美を大切にしてあげようとの心は持ち得ていたが、とにかく忙しくて、アメリカでの生活より睡眠不足に陥ってしまったほどであった。松沢俊美と久保昭は、婚礼の式どころではなく時間の猶予もないまま、長女の「こずえ」が昭和四十五年の六月に誕生した。久保館長にとって初めての実の子の誕生であったから喜びは尋常ではなかった。俊美も初めて子供を授かったことで、久保館長と久明館に愛情を注ぐものと誰もが信じて疑わなかった。

しかし現実はそのようにいかないから、正しく「人生そのものが生き物」ということになるのだろう。俊美は、明らかに久保俊美になってから一層、剣道に対しては距離を置くようになったのだ。昭館長は、松沢俊美との恋人時代、何でも意見や信念は共通するところがあったから、剣道の世界にきっと生きてくれるはずだと信じていた。昭青年は館長になったことで自分の目標である「子供たちに多くの体験を通して社会に役立つような人材の教育、その結果としての人間の形成」を目指していると、俊美に説明

は十分した。だが、その一点だけは俊美は、賛成することなく、
「剣道で人間教育はできるかしら。子供のころからの厳しい塾通いの方が良いのではないかしら。そうではないとしたら、自衛隊のような過酷かもしれないが基礎体力運動でしょうね、私は絶対にそう思うわ」

俊美は、誰にもこれだけは譲れないというように、厳しい表情で言い切ったのだった。

それでも久保昭は、「きっと子供を授かって、三歳ごろから剣道をやらせれば考えが変わるはずだ」と自分に言い聞かせては、俊美の意見に反論しなかった。一方で、剣道の道場は、益々盛況になり時には道場には入れないぐらいで交替で練習をするという有様であった。剣道の指導に当たって、久保昭館長は、「早急にも子供たちと一般を区別して指導し、先生の養成を急ぐべきだ」と実感していた。それと同時に、子供達には剣道の稽古だけに偏らず、広い見識を身につけさせて将来的には日本だけでなく世界的な指導者に育てるための体験をさせようと考えた。

久保昭館長は、これからは武道に理解ある外国人も養成する必要があると思い、国際ホステルに登録して成田国際空港内の掲示板に久明館道場を宿泊施設として公開したのであった。また自分が館長に就任して初めて、全生徒の参加で書初め大会を開催し、なるべく多くの参加者に賞状と記念品を授与したのだった。当然ではあるが初代館長から実施されている一月の行事、元日稽古と寒稽古は百名に及ぶ子供たちで行われた。

久明館では普段から人だけでなく動物や植物を大切にする心を育てようと試みていたが、その一環として夏休みを利用して子供たちに自然に触れさせる目的で、「少年部武者修行」を主催して長野県で初

めて実施した。これは、一週間の日程で、北佐久郡軽井沢町の格式高い禅寺に宿泊して、早朝の掃除、稽古、座禅、勉学という理想的な生活を送り、しかも友人となった子供同士の協調性を育み、その中で相手への思いやりの重要性を心から学び取って欲しいとの久保館長の思いであった。武者修行中に、館長の法話もあり、その言葉には実感が籠もっていた。

「私が子供の頃は、自然が多くありました。草や木、植物と動物が身近でそのものたちにも生命があると幼いころから知りましたから、弱いものや困った人を攻撃など絶対にしませんでした。皆さん、剣道は武道です。勝つことは大事ですが勝っても負けた人をたたえるような人間になってください。自分が勝つのは、相手が負けてくれたからです。勝っても自分は偉いなどとは絶対に思わないでほしい」

久保昭は、自分が幼いころ初めて板橋地区大会に出場して優勝した時に、有頂天になってしまい飛び上がって喜んで父に報告したことを昨日のように思い出していた。

「平常心でいなさい。たまたま勝ったのだ。昭、いいか、武道は勝っても負けても自分の心つまり精神を鍛えることが一番大切なんだ。勝ったなんて喜ぶな。相手にありがとうございましたと挨拶してきなさい」

父の嘉平先生に、窘められた久保昭少年は、負けても堂々として悠然と立っていた相手に礼をした。相手の少年は、「ありがとう」といって握手を求めてから笑顔で、昭少年を見た。二人が固く握手する姿を久保嘉平師範は、目頭を抑えながら頷いていたのだった。

日焼けした少年たちの笑顔は、太陽の日差しを受けてまぶしくかがやき、大きな野望に似た金色に光る希望のようでもあり、こだまする童謡唱歌は躍動する念力になって寺や山々に伝わっていった。

久保昭館長は、住職に感謝のまなざしで別れを告げて、山を下りて行った。その姿は武道家であり指導者であり、そして人間の心を大切にする真の教育者となっていたことは、成人の参加者だけではなく住職も感じていた。

第四節　人間育成に逆境が大切

昭和四十四年から四十五年、四十六年という館長になってからの三年間は、アメリカでの生活よりも多忙を極めた。一月の元旦、寒中稽古に始まり、卒業生を送る会、審査会、講習会、子ども特別稽古、成人の特別稽古、暑中稽古などで十月審査会、年末は稽古と主張稽古で瞬く間に三年が過ぎていた。このような道場の行事以外に、日本を離れて外部から武道を見つめようと考えた久保昭館長は、昭和四十七年の四月に香港、台湾、マカオさらには沖縄に研修のために訪問して稽古を実演し、五月に沖縄の石垣島に約三千坪の土地を購入して南国の環境を体験させたいと思案したのである。

久保昭にとって剣道の先生というより人間としての喜びをこの年の七月に味わうことになるが、それは男子の誕生であった。久保昭は、稽古を終えるとすぐに大山の大きな病院に駆けつけて、院長に詰め寄った。久明館の館長がなぜにして、院長に対して興奮したのかには理由があった。それは、久保館長が病院に入ると、主婦たちが入り口で、

「先ほどの母親と子供が危ないそうよ、早産って怖いわね」

と高齢の女性が口にしたのを耳にしたからだった。

「大丈夫ですよ、久保先生、りっぱな男子ですよ、大声で困るぐらい泣いてね」

「そう、でしたか。すみません、勘違いして。良かった。大きく泣いた、良かった」

久保昭は、一礼してから急ぎ足になって奥に進んでいった。

「俺は、生まれたときに泣かなかったけど、豪は大きく泣いた、そうか、泣いた」

自分とはやはり違う個体であると久保昭は感じたが、それが普通であるから当然であって、自分が変わっているのだろうと別に気にもしなかった。この僅かではあるが、親と子の格差が年月を経過することで大きくもなり小さくなって消えることもある。どちらにしても人間の及ぶ力ではできない、何かが作動するものと思われるとは、科学者や生物学者が主張するところである。ここにおいて「剣」の威力は、人間の精神にどんな形となって及ぼすのか、誰も予測できない。

久保豪は、元気に育っていき、剣道の気合を耳にして、また竹刀の音を心地よく子守歌のようにして眠ることができた。三歳になった頃には、久保昭が竹刀をもって素振りを始めたように、竹刀を握っては投げたり振ったりした。

「私は竹刀で遊んだが、投げることはなかった」

と心でつぶやいて、どうしたものかと思案を繰り返していたが、やがて話すようになった豪は、初めて「剣道、大好き」ととぎれとぎれに口走った。久保昭は、このことを耳にすると喜んだが、妻の俊美は苦々しい思いで豪をにらんでいた。

昭和四十年代の後半は剣道ブームのピークを迎え、赤塚の本部道場を改築しなければならないほどに生徒は増加し、国内外から訪問客や体験者及び見学者で立場がないほどにぎわっていた。久明館は東京でも関東でも名前がいきわたり、時にはマスコミからの取材依頼が増えてきたのである。

昭和四十九年の一月、プロレスラーアントニオ猪木は空手やボクサーと異種格闘技対戦をしながら確実に名声を博していた。そのアントニオ猪木が正月に凧揚げ大会を開催することになったが、ここに久

アントニオ猪木氏と

明館の少年部が招待されたのである。久明館少年部の星健太郎少年は、「猪木さんに言われました。大空に飛ぶように世の中に向かって大きな希望を持て、と僕の肩をたたいて言われました。僕フランスに行って剣道を教えたい」力強く、久保館長の前で胸を張って姿勢を正した。

「そうだよ、辛くても頑張ることが素晴らしいのです。必ず良いことあるから」

久保昭館長は、星少年を頼もしくも感じ、感謝を込めて両手で肩を取って激励した。そして元気で素直な子供を、育成することが急務であると切実に感じていた。

久保館長は、どんなに多忙であっても、「忙しいから、他の先生が指導してください。今日の指導はあなたに任せます」というようなことは言わなかった。久保昭は事務的な仕事に追われていても一度は区切りをつけてから、稽古始めの時間になると稽古に集中して丁寧に解説を加えて指導した。海外の体験者には、英語と日本語をうまく使い分けて、竹刀の握り方の注意点や指先の力の緩め方などまでを解説に実戦を加えて教授した。この時の久保館長の姿を見てい

た外国人のある人は、

「日本人の武道家を初めて見ました。館長先生はしぐさも青眼も武道家です。出会えたことが幸せです」

と言って剣道に打ち込んでいく。日本の武道が国内で注目されていないが、外国の人々の多くが武道に注目しているのであり、その中で久保館長の教える方法や人物を理解して、剣道を始めてその後も何十年と継続する人は日本人よりもはるかに多い。ここで気が付くのは日本人よりも外国人の方が日本の善さを知っていることや日本人には、武道精神を持ち得ている者が少ないということである。

いつの日からであろうか、日本人に武道が注目されなくなったのは。いつからであろうか、武道とスポーツは区別されるべきなのに同じようにみられ、武道がスポーツ化されて武道精神が問題になく、除外されてただ勝つことのみが最重要視されるようになってしまったのは。ただ現実的には、資本主義と一体化された競技のための大会、勝者のための試合がこの武道精神によって妨害されると考えている知識人や政治家たちが、意外と多く存在していることは否めない。

久明館は初代の久保嘉平先生、二子先生そして昭先生までが一貫して、日本人という小さな範囲の人間と限定するのではなく、世界の人間は多少の相違があったとしても、人間の個々の思考は大きく変わることはない。それだから他人に対して愛情と誠意、それと信じる心（武道の精神）が大切であると考えていたのだ。これは確実な事ではないが、警視庁の剣道師範であった久保嘉平先生が、自ら実現しなかったことを自分ではできなかったから、久保嘉平師範が考えていたことを、母親の二子先生が受け継いで、次の館長久保昭にまでそのままで受け渡された真の武道の精神であると感じられる。武道精神は日本人よりも遠くから客観的、合理的に傍観していた外国人の判断は、大きくは間違っていないものと

姿勢の良い少年少女剣士たち

感じるのは、数こそ少ないが正しい見方といえるものだ。

久保昭は、武道精神をしっかり維持しながら、やがて自分の子に正統のまま伝承するべき、そのためにも豪という男子に剣道だけではなく相撲や書道を身に着けさせようとした。子供達には幼いころからの多くの体験で人間を教育する必要があると思っていたから、本人が望むことは何でもさせようと久保昭は思案していた。その結果として、昭館長は、沖縄の石垣島に広大な土地を購入しての、子供に澄んだ海と自然の中の空気や砂浜、植物と動物、サンゴなどに触れさせることを計画し、実行に移した。

東京からの百名の少年少女剣士が、美しい砂浜を走り、竹刀を響かせて気合大きく剣を交える迫力は、筆舌に尽くせない。小さな島であっても子供もいれば一般人もいるが、剣道を嫌いな子供など見当たらなかった。

「ここで自然に触れさせ、健康で心身ともに強く、将来に希望が持てる人間作りは不可能ではないだろう。日本の都会にはあまりにも自然が少なすぎる」

久保昭館長は、かねてからの思いを素直に吐露した。子供に限ることではないが、大人でも都心で生活することでストレスが多く蓄積されてそれが他人を攻撃したり、学校でのいじめになって現れ、暴力に直結することは多くの知識人が語ることである。ストレスは暴力になるばかりでなく、病気になって、不健康になってしまうこともあるから上手に発散させる事なしではいられない。久保昭が子供のために考えたことは、誰にでもできそうだが、普通に考えては実行にまで移行することなどまったく予想外の不可能である。事実、過去に武道の稽古で修行のための集団遠征は見当たらなかったし、少なくとも昭和の四十年代には存在しない。しかも単に、遠征しての稽古だけではなく、三千坪の土地を購入して、自己の所有地に何の遠慮もなく、他人に気兼ねすることなしで武道の修行に励むことを推奨する先生がいただろうか。決しているはずがない。

しかし残念なことに、この土地を購入することである問題を抱えて後々にまでトラブルが発生するとは、武道家の先生には予想できなかったのだ。事の真相は、今でも明確にされていないが、久保館長の構想が無になってしまったことは残念としか言いようがなかった。土地をそのままに、久明館として残していたなら武道の精神を日本にもっと残していられたと考えてしまうのは多くの剣士や武道の関係者であろう。

この購入と直接の関係があるのではないが、同じ年の四月、練馬区の田柄町に五十坪の一軒家を購入したことまで尾を引いてしまったのだった。この時は、すでに久保こずえは四歳、久保豪が二歳であったから、妻の俊美と久保昭館長が子供のためと考えて、静かな住宅街に子育てを計画したのだった。

「竹刀の音に娘が嫌がるから、豪も小さいので今、剣道は無理だわ」

「なぜ？　防音設備したじゃないか。それにこずえは竹刀をとって遊んでいたよ。豪は、剣道を今から見せておいた方がよいだろう」

「ダメよ、剣道は女子には向かない。豪も他の遊びを教えなくては」

「何てことだ、両親がやってきたことを孫である二人がやって当然じゃないか。人間を育てるのは剣道が一番だろう。男女なんて関係ない」

昭と俊美の話し合いは、いつもお互いが譲ることなく、平行線のまま深夜までに及び、そのために豪よりもこずえはなかなか寝付けなかった。

久保昭は、単純に親が始めたことだけで剣道の道を勧めていたわけではなかった。日本には伝統的に武道の精神というより、親への忠誠心や他人を気遣う思いやりなどが、他の国々よりも強力に根付いていた。だからこそ海外の人は、日本人の礼儀正しさと優しさを兼ね備えている素晴らしい民族と言って敬っていたのだ。それが昭和の四十年代後半の高度成長が頂点になり始めたころ、その精神が薄れてしまい、とにかく利益や産業の発展だけしか考えない政治担当者やマスコミ、企業家、投資家が後を絶たないから子供たちまでが良いことだと思ってしまったものだ。

当時は剣道のブームの最後にあたり、剣道人口は横這いではあったが、空手や柔道は下降に向かっていた。

「このままでは、武道がなくなる。日本の精神は消え去るであろう」

などと真剣に分析した知識人や武道家、それに日本の誇りや文化を保護しようとした関係者は皆無であった。なぜなら誰でも、安易で自分だけが豊かになれば相手は困っても苦しんでもそんな人が身近にいても無関係だと、知らないふりが簡単にできてしまったのである。日本中がそのぐらいに、忙しく働き、自分を見失うぐらいに多くの金銭を得ようとして必死に生きていたのだった。

久保館長は、自分の子供たちだけではなく、もっとゆったりと、勉強と野球だけでは得られない「心の充実」を経験させたいと考えた。そこで大変さと苦しさを覚悟で、初めての自己の判断で自己の道場を、高島平に「久明館高島平道場」として開設した。この時期に高島平には、大掛かりに大手建設会社による壮大な団地が、地元の農家の人たちの反対を押し切って作り上げられた。この団地があまりにも早急に完成させての入居者の募集であったから、ベランダの柵を備えていなかったために自殺者を増やすことになってしまった。その数はかなりのもので、東京の生活や社会に動揺していた人間が一気に増え、自殺して社会から逃避する若者も徐々に増えていったのだった。

「これではいけない、これは大人の責任だ、若い人たちを苦しみから解放しなければ。今こそ剣道で一人でも救いたい」

久保館長は、この現実を目の当たりにして今人間にとって大切なこと、これこそ武道の精神ではないだろうかと結論を出した。

「海外を見せて、人間に何が必要か、そして剣を持つ意味を再確認してもらい、剣を振って自己の精神は振れることとなく、盤石な心身の統一を目指すように指導しよう」

と思い、多くの一般生徒と先生、それに数十名の少年剣士を、台湾研修稽古に参加するようにと勧めた。久明館の剣道関係者は、外部の人から見れば一種のやや小さな学校とみられ、校長先生は久保館長であり、師範たちは各自担当教諭のように映っていた。

台湾の町では、武術が盛んであって、日本人には好意を持っていた。それは日本人が移住していた事や最近でも若者が住んでいたことや戦争当時の交流もあって、誰もが親切だった。特に剣道を日本からわざわざ指導に来たということを知ると、台湾中の国民が総合武道場に結集しての歓迎ぶりであった。

久保昭は、内心で感じていた。

「どうして、このように日本に近い台湾人が武道を理解するのに、日本人は武道よりもスポーツの方を重んじるのだろう。日本の善さは文化としての剣道だと気づいていないことが不思議である」

事実は、久保館長が感じたように日本では武道を、「それをやることで何の得になるのか」とか、あるいは「将来的な生活手段には結びつかない」ということで保護者や学校の教師が拒否してしまう。さらにはスポーツのパフォーマンスに圧倒されてしまい、マスコミまで取り上げて協力するから益々武道は端の方に追いやられてしまう。その結果は明白で、武道の立場はほとんどないに等しくなるから、武道人口は増えることなく減る一方である。

久保昭館長は、「それでも日本人には必ず武道の精神があり、またこれが一番人間には大切なこと」と信じていたし、現代も信じているのだ。しかし、残念ではあるが、武道の精神が大切であり、礼儀が重要であると感じている人は多くはないのだ。しかも日本人よりも英国人の方が、礼儀正しいし、先生と生徒の区別をしてお互いを尊重して謙虚さを持ち得ているのだ。この状況をスポーツの世界においてみる限りでも、日本人は大会で優勝すると英雄となり大げさに騒ぎあげるが、海外の人は大はしゃぎまではしない。この僅差を問題にしないマスコミやレポーターにも多少の責任があると少数の知識人と武道関係者は傍観して批判はするが行動は起こしていない。

久保館長の大きな目標であった、「将来性ある子供たちが正しい判断ができて、社会に貢献する人間作り」を実践されるべき時期の到来を全身で受けた。その現れの一つが、高島平に久明館の剣道場を開設することであり、駅から数分の場所に看板を掲げた。久保昭は、久明館の館長というよりも人間として、自殺する人間が急増しているのを見て、稽古の後に全員に言った。

「どんなに苦しくても自殺はいけない。それなら剣を信じて、剣の前で、座禅して、心を鎮めて、深い呼吸で、脳をすっきりさせてみて、それでもだめなら思い切り剣を振ってみてほしい。きっと、頑張ってみようという精神が生まれるはずです」

久保昭の経験の範囲では、あり得ない事が現実に起きていて、子供たちだけではなく一般の男女、高齢の夫婦、親子にまで深刻な事態が蔓延していることがつらかった。武道に関わっているだけでも、何か希望を持つことができたろう、とは剣を志した人間であったら感じていることではあった。

久明館の剣道は、久保館長の懇親な指導の下で生徒数は一層増えて、あふれるばかりに盛況を見ていた。高島平の後の道場候補を検索している頃に、別の新たなトラブルが発生したのだった。

田柄町の一軒家五十坪の自宅は、久保家の二人の子供と妻の俊美の充実した生活を確保する目的で久保昭館長が現金をそろえた。勿論、館長は、妻が言った通りの言葉を厳守しての行動でもあった。

「剣道場のそばではなく、静かな住宅街が子育てには一番良い」

俊美は、自分がそのように育ってきたことで子育てには自信があった。

「しかし、長野県の実家とはここは違う、それなら豪が剣道に通える場所にしよう」

久保昭は二人の父親として妻の言い分を認めてはいるが、男子の豪には自分がそうであったように剣道を教えてあげ、武道家として育てたかったのだ。この時は久保豪が六歳になっていたから剣道はすでに始めていた。また豪本人も剣道に興味を示して自分から稽古に参加するまでになっていた。

久保昭は、剣道の館長であり、道場の代表先生であることから自分を制御し、言いたいことも数少なくすることが武道家として重要である、として稽古を続けてきた。剣道の師範として自己の恥となることは、表面に出したくないし、道場を離れた家庭のことを誰にも言い出せないままであった。久明館の剣道の教えは、確実に広がりを見せ、生徒が連日のように見学、体験そして入門してきた。その一方で、久保家の内部には子育て、子供の進路、教育方針で昭と俊美は、大きな隔たりが鮮明となってきていた。

「これからは、スポーツの方が、子育てするにはお金を稼げるわ、武道ではないけれど相撲なら実際に力士になればかなり楽できるわね」などと俊美は平然とした。

「君は何でもお金だね。日本の男子には武道の精神、つまり親への恩、先生に対する尊敬、友達には感謝と思いやり、このような人間になることが第一ではないか。確かにお金は貴重だろうけど一番目の目的ではない」

久保昭は、多少残念だとの気持ちを込めて言い切った。

「古いわね、もう時代が違うのよ、この世はお金が最優先よ。実際にお金がなかったら何もできないし、生活だってできない。旅行だっていけない。豪華なレストランで上品な料理も食べられない。こずえは女子よ、ブランドのバッグや靴も必要だわ」

俊美は平然として夫の昭を見下げて、薄ら笑いさえ浮かべた。

「君とは生活を続けるのが難しい。だけどもう一度だけ考え直してくれないか」

久保昭は、手を合わせて俊美に、懇願した。俊美は、内心では言い過ぎたかもしれないと感じたが、小学時代から誰にも慕われた自負の重圧が以後の態度を変容させなかった。それでも何とか夫婦として生きてきたからには、昭も俊美も相手を尊重しなければいけないとは自分に言い聞かせてはいた。

結局は、久保家の家庭であった田柄町の土地は四年の歳月が流れただけで、売却するに至った。自宅を四年で離れるという結末は、昭と俊美の仲を近づけたことではなかった。むしろ二人の間には、どうにもならないほどの溝が発生しただけで、少なくとも二人の子供「こずえと豪」には大きな傷跡をそのまま残してしまった。ただ不幸中の幸いともいうべきこの土地が買った時に存在していた高圧線が撤去されたことで数倍の価値になり高価で売却できたことであった。

久明館の剣道は、久保嘉平師範の警視庁剣道教師時代が第一歩であり、その地位を辞職して自己の道場（ここで久明館と道場名を名乗った）で始めたのが前進の一歩。それから母二子先生から昭へと順調に発展してきた。剣道が普及して多くの少年や少女が技術と精神を高めていき、板橋地区だけではなく、剣道連盟にまで名をとどろかせて、実力と品位の高い武道精神を提示しているとの噂が日本の武道界に流布していた。

しかし、必ずどこでもあるような事態であったが、妻の俊美が館長久保昭を異常なまでに、他の女性が隠れているのではないかと疑い出した。久保館長が子供の生徒の母親から、「内密のことですが」という念を押しての伝達であった。それによると、妻の俊美が久保昭を探偵まで雇って、異性関係の調査をしているとのことであった。

「まさか、そんなこと、ありえませんね、妻が、まさか」

久保昭は、初めは全くばかげた作り話として気にかけなかったが、何度も尾行されていることを確認すると信じないわけにはいかなかった。しかも時々ではあったが、高島平の道場から帰る時に、後ろでシャッターを切る音が何度かしていたのだ。

「なんてことだ、妻が夫で剣道の指導者を捜査までしているのか」

久保昭は、腹立たしいよりもあきれて何も言えなかった。それでも俊美を問いただして、注意する必要があると感じた。昭が家に帰ったときに、当然、自宅（この時は赤塚の道場である）にいると思っていたが、待っていたのは台所の一枚の紙きれだけであった。

「当分二人で実家の長野に行きます。戻るつもりですが分かりません。また後程連絡します」

という走り書きのような文字を眺めていた昭ではあった。

「なんて人間だ、自分の行為を隠すように、実家に逃げるとは」

久保昭は決して短気でもないし、感情的な人間でもなく激情家でもなかったが、表情は変えなかったにしても流石にこの時は感情を抑えきれなかった。

久保昭のとるべき行為は自然と道場に向かい、それから竹刀を取って、仮想相手を見立てて何度も透明人間を相手に実践することであった。自己の感情を自分に向けることは、相手に向けるよりも数十倍に大切なことでもあり、勝っているが自己の怒りの感情を変容させて感謝にして相手に向かって示すことは何よりも尊いことであり、武道の本質となる、とは初代館長嘉平先生が言われたことであった。

久保昭は、初代の館長が言われたことは守り抜くことこそ「守破離」の精神と信じてきたから、感情をそのまま他人に向けることはどんなことが起きようとしないことを心で誓っていた。そんな久保昭に更に追い打ちをかけるように、悲惨な事実が両耳を直撃してきたのだった。

「久保館長先生、私言っていいのかしら、先生赦していただけますか」

少年剣士の若い母親は、うつむいて口を少し開いた。

「どうぞ、ぜひともお聞かせ下さい、お願いします」

久保館長は、少し胸の鼓動を速めて女性に会釈した。

若い女性は、重い口を開いてから間違えないように慎重に話し出した。それによると、数日前に奥さんの久保俊美が同窓会に出席するというので自宅を何日も家を留守にしたが、その同窓会は実のところ、集まることはなく、実際に同窓会自体が行われなかったのであった。それだけでも久保昭は、内心では「武道家としての本家に恥をさらす行為だ」として自分でも顔面が紅潮していくのを感じていた。

妻が家を留守にした最大の理由は、風邪気味の両親を見舞うのではなく、ある男性の、しかも妻子ある成人異性に会うためだった。

「私の耳はどうかしているのだろう、今なんて言いましたか。男性に会うために家を留守にしたといったようですが聞き違いだと思います。そうでしょう」

久保昭は、「有り得ないことだ、万一あったとしても、いやあってはならない行為だ」と小声のはずが大声になって、興奮してしまった。

少年剣士の母親は、何度も「私が言ったことを内緒にしてください」と哀願してから急いで館長先生のもとを後にした。一人になって久保昭は考え直してみたが、有り得ないことではなかった。昭は、妻の俊美のことを改めて思い出せば出会いの時も、（もちろん後で知ったのだが、）別の男友達と食事をしている時に気分が悪くなったからといって外の空気を吸うために外階段のところに来たのであった。最初から久保昭を見つけたのではなく、もちろんレストランで昭が働いていたことを、俊美は同じ日本人として気にしてはいたのだろうが、偶々自分のために裏階段に来た時に久保昭と遭遇したのであった。

アメリカで、俊美が食事をしていた男性と長野帰省の際の密会相手が同一ではないかもしれないが、久保昭にとっていずれにしても夫以外の成人男性と大人の交際が行われていることが否定できなくなったのは確かであった。

久保昭館長は、剣道の普及に渾身を込めて取り組んでいる真っただ中での妻の不倫には全身の力が抜け出た思いであった。

「今度は許せない。やめさせる以外にない。人間として恥ではあるが、今ここで黙っていることは本人にも子供たちにも良いことは一つもない」

そのように決断した久保昭は、正月の元日稽古から寒中稽古へつなぐ四日間の休みを利用して妻の俊美がいるはずの長野県市内の実家を訪ねた。

「俊美は、出かけています。いつ帰ってくるのか、分かりませんね」

俊美の母親は、不機嫌そうに内職の手を休まずに言った。久保昭は、なるべく穏便に、ただ元のように、武道家の家庭であっても、健康で楽しい家族があればよいと考えていたから、義母に対して、丁重に笑顔で挨拶してからの俊美についての質問だったが、素っ気ない返事に嫌気さえ感じてきた。

それでも感情はださないまま、昭は黙っていたが、意を決して真っ直ぐに義母を見てから一歩前に歩幅を取った。

「こんな話をしなくてはならない私は未熟者としか言いようがありません。しかし、私だけではなく、子供たちに影響を及ぼしてしまいますから、義母さんの方から俊美さんに注意していただきたいのです」

久保昭は、緊張しながらも一気に声にした。

「何のこと。そんなに真剣になって。言ってごらんよ。私の俊美が何したっていうの」

「はい、よく聞いてください。実は俊美さんが、別の男性と大人の交際を続けているのです。これは武道家の家では…」

「ちょっと、待って。それじゃ、俊美が先生以外の男友達と交際？」

「ええ、不倫です。これは重大なこと…」

「あ、ははは、おかしいわよ。先生、あんた面白い人ね」

「面白くはないです。私は真剣ですから」

「何を言っているの。俊美は男に人気あるのよ。男の一人や二人いて何が悪いのか。男が放る事ができないのよ。先生だって俊美の魅力に圧倒されたのでしょうよ」

「ええ、…」

俊美の実家ではこんな考えであったか、と夫の昭は、絶句した。

久保昭は、何のために長野までやってきたのか解らないままに、松本から特急電車に揺られながら頭痛に悩まされていた。これ以後に時々頭痛に悩まされることになるが、三十歳の前半が始まりであったとは、本人が気づかなかった。久保昭の頭痛に勝るとも劣らない義母の言葉でのショックは当分の間は癒されないことだけは本人が感じていたのだった。久保昭は、苦しみながら多くを思案していたから俊美が一人で同じ電車に乗り合わせていたことに気付かなかったのは無理ではなかった。

「豪だけには剣道を教えよう。こずえは母親を頼ることになるからあきらめた方が良いかもしれない」

久保館長として、父から受け継いだ日本の誇れる文化であり、武道であり人間養成の剣道を基礎にして、社会貢献を目指すという初心を貫く思いを新たにした。

久明館はそれ以後も発展し続けて、「武道は久明館」また「剣道は久明館」と東京だけでなく、関東近郊から北海道にまで名声を轟かせることになっていた。海外からは西洋特に北欧、アメリカ合衆国、中国から集団で入門に殺到して来た。こうした事情から、必然的に道場を増やすことになって、道場を米軍基地がある朝霞に開設した。この土地は、昭和五十年ごろに米国兵士が、練馬区のグランドハイツに残っていたために集団で見学に訪れた。久保館長は、英語が話せることと指導がわかりやすくて丁寧であったから一度でも館長先生に出会ったら入門しない人がいなかった。

朝霞では主に外国人であったので剣道連盟からの応援がやってきても、実技を見せることができても細かな技術と心の在り方については誰も、久保館長以外に目的を果たせなかったのだ。

「剣道の精神は、剣に在り、剣の神髄は心にある」

久保館長の指導が自然と、剣道の技は心の技、という一種の哲学的思考の表れである、と説明した。

また館長先生は、「竹刀は剣と同じで、両方に刃がある。竹刀は丸いが後ろにも打つ場所があるのだ。だから剣と竹刀は同じと見ることができるのだ」

この久保昭の説明では、多くの日本語を理解できる剣士に毎回に大きな拍手が沸き起こっていた。

第五節　どん底からの脱出　武道の精神力

朝霞道場でも、剣道の人口は増加していった。剣道に限らずに社会全体が最後の成長を遂げて安定していく日本の状況、それは誰もが高齢者時代に突入することを予測していなかったのだ。パソコンの普及やゲーム、ビデオの一般化は何年か先に到来するが、昭和五十五年は、ピンクレディは人気低迷し始め、女子プロレスの長与千種がリングに登場して一躍ブームを演出していた社会に、違和感のない女性の時代に巻き込んでいく日本社会の構造が浮き彫りとなっていた。

このように解釈するなら、剣道の道場を維持する館長先生の補佐に回るのではなく、自分から積極的に自己を表現して自由な生き方を演じていた、昭館長の妻である俊美は現代的に、自由な生き方の見本かもしれない。確かに通常の感覚なら、武道家との結婚は自分も武道を行わないとしても事務的にかかわり、生徒の管理や来客の接待と折衝を館長代理として、あるいは館長のそばで補佐するべきともいえるものである。

しかし、久保俊美はこれをしないで自分らしく、剣道を体験するだけで理解まで至らずに館長先生に協力できなかった。これは切実に悲惨なことでもあるが、何よりも日本という武道精神が生き続けている小さな国家の大きな財産を無駄にして捨ててしまうようなものである。

日本人に限って言えるだけではないが、人間は自分が体験あるいは実践しないうちから「善いものと悪いもの」を思惟的に分別してしまい、価値あるかどうかも解らないままに自己との隔たりを創ってしまうものである。人間の両眼は、一つの目で見ると錯覚を起こしてしまい、正確にみることが不可能だから二つの眼が存在するのだ。この意味は、正確にみるというが瞳を良く見開いて皿のようにして物を見ることではないのだ。両眼に映った映像を奥底にある視神経でとらえて、しっかりと観察して脳に送り、判断するように自己を高度に脳機能を維持するなら剣道の善さを理解するであろう。この場合の判断は、武道の精神つまり「心の眼」ということである。

久保昭は、自分の妻には、どんなに多くの人たちが異を唱えようとも（実際はこのような剣士はいないのだが）剣道を理解し、かつて自分の母親が実践したように、先生になってほしいと願い、更に子供であるこずえと豪まで剣道の先生に成長するまで指導したかったのであった。これこそ久保昭館長が理想と考えた剣道日本の実現で、世界平和への道構想で、両親への感謝の現れで、恩返しの実現だと思ったのだ。久保館長が悩み続けていたところに最高の悪魔が忍び寄って久保昭館長の思惑とは、あまりにかけ離れた現実は、埼玉道場の準備から始まっていた。

川越市は今でこそ大きな町となり、人口が急激に増えて活気づいているが、その理由の一つが東京の大学が地方に広い土地を求めて移転してきたことや地下鉄の相互乗り入れによる人口移動である。久保館長は、上福岡が父嘉平先生の出身地であったから、できるなら広くて安価な東上線の沿線の場所を探して歩いた。

道場の候補地として東上線の上福岡に降り立った久保昭館長は、父親の実家のあったところに向かって行った。昭少年が小学一年生になった時に、祖父母は元気で小さいながらも畑を果樹園にしていたから、昭が夏休みに遊びに弟の清と行くと、大きな西瓜を食べさせてくれたのだった。その後に、祖父が亡くなり祖母だけの時、小学五年生の夏、祖母が寂しいというので、父と弟、昭の三人で一緒に上福岡の実家を訪れた。

久保昭は、すでに亡くなっていた祖父の墓に手を合わせて、「おじいちゃん、ありがとう。僕きっとおじいちゃんが言っていた、他の人を助ける人間になる」と心で誓った。昭と清は夕ご飯までの間、近くの川でメダカやフナを捕まえては逃がして、逃がしては追いかけて水しぶきを上げていた。晩御飯の時、昭は、祖母が作ってくれたジャガイモの煮込みが大好きで何度もお代わりをして祖母を喜ばせた。

「この子たちにお前は強制してはいけんぞ」

久保嘉平に向かった祖母のまつは、諭すように皴のある口を懸命に動かせた。

「解っていますよ、母さん。それは久保家の家訓なはず。守っていくから心配しないで」

嘉平剣道教師は、初心者の剣士になったかのように、丁重であった。

実家の今は、かつての堂々たる勇姿はなく、実家の跡地には大きなマンションが、平屋の家が邪魔になるほど聳え立っていた。久保館長は、同じ土地に道場が建てられたら祖父母の供養にもなると考えていたがそれも叶わないことであった。仕方なくそこの土地に一礼すると、東上線の新河岸駅に向かった。この土地は畑が多く、広々とした空間があり、人口も多くはないが昔の赤羽のような雰囲気を漂わせ、駅前が徐々に整備されている事でこれから数年後は飛躍する街だと久保昭は直感で感じ取ったのだった。

「これだ、剣道の道場は広くなくてはならないし、建物が接近していては竹刀の音が苦情の原因になってしまう。ここにしよう」

久保昭館長は、決めたら行動が早く実行に移す。このことは幼い頃より変わらない性格というより信条というものであった。新河岸の近辺にあった不動産の会社は、アイワ住宅といって三井住友銀行新河岸支店と提携を結んでいた老舗で大勢の人が出入していた。

久保昭館長は、奥の間に通されて、数分待たされての支店長との面談であり、多少は緊張していた。

名刺を差し出して満面の笑みをわざとらしくさせてから、

「松井と申します、お待たせして申し訳ありません、どうぞ」

言い終わるとすぐに、「お茶を用意して」と内線電話で伝えた。

「私はこの土地のどこかに、剣道の道場を創りたいのです。もう一年がたっていますのでできるだけ早急に始めたいのです、広くて割安の土地がありませんか？」

久保館長は、支店長松井の顔を見て一気に話した。

「おお、剣道ですか。剣道はよろしいと思いますよ。武道の精神はこれからさらに普及するでしょう。生徒が集まる見込みはこの土地では期待されます。何と言っても将来的に地下鉄が東上線に乗り入れるようです。さすがに館長様は先見の眼がおありです事。私どもは多くの物件を抱えていますから、急ぎ資料を集めさせます。どうぞご安心ください」

松井支店長は、久保昭を観察するような眼差しで見つめた。

「剣道は竹刀を使用しますから、時には騒がしいと苦情が殺到するかもしれません。ですから剣道の理解者が周辺に住んでいれば安心です。また剣道は竹刀を振るので天井を高くすることが不可欠です、子供に限りませんが、生徒には遠慮などしないで稽古に励んでほしいのです。よろしくお願いいたします」

久保昭は、松井が剣道に理解を示したことで多少の安心はしたが、果たして自分の理想的な土地があって理想的な道場を持てるのかは自信がなかった。

「万事塞翁が馬」ということわざのように、有り得ないことと有り得ることは現実的に勘案すると「一寸先は闇」と思えるほど解らないものである。久明館の剣道として、赤塚の本部に次ぐ、いやそれ以上の道場を完成させる思いを込めて、久保昭館長は、全精神を結集させての実行であった。その願いは、久保館長の念力が通じたかのように、想像した理想の、いやそれ以上の用地と出会えたのだった。

久保館長は、この地に剣道場を創り海外の剣士を受け入れ、海外で出会った人や出会わなかった人たちにも正当な武道を学んでほしいと願った。土地が決まり借入する銀行は信用のできる大手で老舗の三井銀行川越支店と交渉が成立して、最後には建設会社との建物の詳細な打ち合わせに久保館長は、目の回る忙しさであった。

道場は急速に完成に近づいている、その未完成の建物の前で、久明館は館長を筆頭に少年剣士が基本練習と剣道形、団体戦などを二時間披露した。剣道はまだブームであったために近くの小学校から大勢の子供が見学と体験で足を運んできた。

「僕、剣道やりたい」

などと誰かが叫ぶと、次々異口同音の響きであった。それからは地元の保護者を加えて数十名が普段着のまま竹刀を手にしての気合い合戦の様相を呈していた。これには久保昭館長も予想外であり、多くの賛同を得たものと安心してかねてからの構想を実現させていた。「完璧という言葉がないし、完璧の物事はない」とはよく言われることだが、理想的な、完璧に近い土地ではあったが、一つだけ少しの心配事があった。この用地の東側数十メートルに広がる更地が、やがては近くの不動産会社によって建売の住宅を建てて売却する予定があることだった。しかも久保館長が三井銀行から融資を受け、道場の建設を始めてから一か月の後、つまり融資した銀行や建設に着手した大手建設会社はこの事実を知っていたことが徐々に地元の噂で判明したのだった。

久保昭館長は、

「酷い、これは。銀行も建設会社も私を無視しての行為とみられる。交渉して辞めてもらおう」

と決心して剣道場の創設にかかわった会社役員と担当者に交渉するために連絡を取った。しかし、何度も久保昭が電話して訪問しても留守といわれて会えなかったり、出張等として何度訪問しても本人に会うことができなかった。だが、久保館長は初めから道場を開設するときに周りに人が住むようなことがあったときは、銀行と建設会社側からの説明と剣道への理解に最大限の努力してください、と相手の交渉の度に念を押していた。それだから久保館長は、「剣道への理解は大丈夫なはず、多くの人が住むことで入門者が増えると銀行の松井さんも言っていた」と思い、反対されるなどとは微塵にも感じていなかった。

埼玉道場は、父親の実家にも近く久保昭にとっても思い出の山や川、広場、雑木林や池があり自然の宝庫であった。

「これで父にも祖父母にも恩返しができた」

と昭は、三十五年、矢のような歳月を回想して、一人座禅を組んでいた。この埼玉道場に限っては特別に海外の剣士を受け入れるための宿泊施設を用意して、いつでもどこの国の剣士にも十分な稽古ができるようにした。トイレは全部で十室を用意し、洋式にしてシャワー室まで兼ね備えての剣道場としては稀な設備で、海外の男女を受け入れる準備を完璧に済ませていたのだった。

道場開設の当日は、朝からの行列と花束の一群が賑やかに、垂れ幕やのぼりとともに元気にさわやかな風を受けていた。久保昭館長は、多くの前で、館長の挨拶を流暢に日本語と英語を交えて全員の目を見て語った。

「本日は、お忙しい中のご来場に篤く御礼申し上げます。ご存知のように剣道は、日本が誇れる武道であり文化であって、長い歴史の中の伝統武芸であります。日本の精神であります。これを私は護り、人間の教育にしていく所存です」

久保昭館長は、国籍や年齢、性別を越えた剣士と地元の少年や保護者が予想以上に賛同してくれたことに武道の理解者がまだ少なくないと安心していた。ただ気になったのは高齢者の地元住民らしい山高帽子の男が、獣のような眼差しで、久保昭館長の目線に合わせて見つめていることだった。

「先生は、高野佐三郎、中山博道の名前を知っていますか」

山高帽子は、低い声で無表情の顔で久保昭に迫った。久保館長は、演武や解説を無事に終えていたから気が緩んではいたが、気になっていた老人の出現で緊張した。

「はい、直接の指導は受けていませんでしたが、父の久保嘉平先生が確か一度か二度ともに稽古したと聞いていました。お二人とも人間技とは思えないぐらいの動きと間合いの詰め方、一センチの交わしが絶妙で神業であったそうです」

「その通り。成程久保嘉平師範のご子息なだけあるわ、一つ聞くが、剣とは何か」

「ええ、剣ですか、それは、精神つまり心です」

久保昭が胸を張って答えると、山高帽子はにこやかに、すがすがしい笑顔を見せて去っていった。久明館の評判は評価が高く、地元住民の口コミや山高帽子が武道関係者に紹介したことと「本物である」との伝導によっても普及発展した。この山高帽子は、日本で剣道、柔道、空手を極めた後に中国で拳法を習い、日本で拳法の名称を変えて指導した達人であった。最後まで山高帽子は名前を名乗らず、久明館埼玉道場の指導の様子を見守っていた。時には外から指導状況を観察していて、久保館長が厳しく少年少女を注意しているときなどは首を横に振って「それはダメ」という合図を送ったりもした。

久保昭館長は、初代館長久保嘉平師範先生の凄さが少年少女に限らず剣道を広めたこと、剣道を通して武道の大切さを全国的に知らせたこと、それに加えて多くの達人と名人といわれた剣士との広い交流であると心から痛感したのだった。

「父の嘉平先生を越えることこそ、師匠への恩返し」であり、武道でいうところの信条「守破離」であると久保昭は、さらなる努力精進を神前で誓った。

久保昭館長は、板橋区の各道場での指導では決して気を抜かないことに集中し、埼玉道場では近接する住宅が立ち並ぶようになって、新河岸駅近辺から住宅地を掃除、挨拶そして販売用の手ぬぐいやタオルなどを配った。

埼玉道場が六年目を越えたころに、畑であった荒地には一軒建ての住宅が完成して人数が急増していった。この建売住宅に、都心から騒音や近所との気兼ねを好まない若い夫婦たち、あるいは定年後は狭いながらも家庭菜園を目的で移り住んできた人も少なくはなかった。久保昭館長は、埼玉道場で宿泊稽古中の外国人に指導を終えて、駅まで急いでいた時に、中年の主婦三人に呼び止められた。

「先生、少しお話ししたいのですが、よろしいでしょうか」

三人の中の一番年齢の上らしきメガネの細身の女性が一歩前に出た。久保館長は、苦情まではいかない噂話を聞いていたから、「ついに来たか」と内心で思い、緊張を隠せなかったのだ。

「先生、剣道は素晴らしいとは感じますよ。礼儀を学ばせるには最適かもしれません。でも私たちの子供はそんなことより中学受験を目指しているのです。静かな環境の中、落ち着いて塾から帰って夜の勉強が出来ないと困ります。何とか竹刀の激しい音と大きな気合を出さないことは無理ですか。例えば気合なしで竹刀に布を巻くなどして音がたたないようにするとか」

「ご迷惑をかけて申し訳ございません、決してあなた方の邪魔をする気は全くありませんが、私の方が先に稽古していました。それに近くの不動産会社に入居するときには剣道場があるということを十分に説明してくださいと申しつけておきました。お聞きになりませんでしょうか」

「え、いえ、そんなこと聞いておりません。この辺は静かでしかも自然があるということ、それに駅には歩いて行けることなど好条件だけでした。剣道場などがあるならここには来ませんでしたよ」

「言われていることは充分に分かりました。少しだけ時間をください。なるべく皆さんの期待に応えるように致します。ただ、この道場はかなりの時間と経費を費やしています。話し合いの時間も考えてみたいのです。半月ぐらいにご連絡致します」

「そうですか、ではそこまでは待ちましょう。先生、私たち以外にも多くの住民の声であることを、覚えておいてください」

メガネの細い目をした中年女性は、控えていた二人に目配せしてから肩で風を切るように颯爽と消えていった。

取り残された久保昭館長は、この道場がやっと軌道に乗り、海外の入門者で殺到するこの時期に、トラブルが発生してしまったことで落胆していく自分を感じていた。剣道の道場は、他の武道場より余程の近辺の住人、商店、町会などの理解者が必要で、少しの騒音あるいは振動による影響によっては重大な結果を生じるのである。久明館埼玉道場は、十二分に周辺の不動産会社にお願いして、「剣道場があることや子供のため武道精神の指導と礼儀や感謝の心、思いやりを教える正当な武道教育」を理解して納得しての住宅の購入であったはずだ。久保昭館長が自分の足で土地を探して、建築会社と十分に打ち合わせての防音装備、近隣者への配慮（土日の早朝には稽古しない、夜九時過ぎまでに稽古は終わらせる）をしての始まりであったのに、どうして苦情が起きたのか、全く理解ができなかった。

久保館長は、かつて埼玉道場の土地を紹介してくれた不動産会社へ向かった。しかし、その建物の看板には以前の会社ではなく、全く違った会社の名称が堂々として建物自体も別のものであった。仕方なく道場の資金を融通してくれた銀行に行って、事情を聴こうとした久保昭の前には、見たことがない責任者が作り笑顔を見せていた。

「久保館長様ですね、うわさはかねがねお聞きして」

「それはどうも。早速ですが、前の責任者の…」

「北海道に転勤になりまして、挨拶もしないまま大変失礼しました」

「道場のこと、住宅購入者に説明していますか。依頼していたのですよ」

「いえ、それは聞いていませんでした、購入者の判断ですから、こちらから説明するまでもなく、自由な取引を目指していますので、自己の判断に任せています」

「あなた達は、私の道場に協力してくれるから、高い利息で金銭消費貸借契約を結ばせておいて、何も協力してなどいないでしょう」

「先生、お言葉ですが結んだのは先生ですよ。詳しい担当者が当店にはもう在籍しておりません。詳しくは存じ上げませんが六年も前ですからね」

「そうなんですね。そうして銀行は不動産会社と結託して、純粋に剣道による武道の普及と武道の教育には関心がなくて、ただ利益になるかどうかだけしか興味ないのですね。もう結構です」

久保昭館長は、自分がなんて浅はかだったんだろうと悔しがった。自分はあまりにも世間の実態を見抜くことには未熟でしかなかった、とつくづく自分に嫌気が刺してしまったのだ。この埼玉道場のトラブル発生の時期に、さらに追い打ちをかけるほどの問題が久保昭館長には、襲いかかっていたのだった。

埼玉道場の開設から七年目を過ぎたころ、偶然にして板橋区の道場では苦情が殺到して、稽古中に押し寄せてくる若いママさんに対処することが多くなってきていた。それよりも久保家として剣道の家系としての維持を、破壊するような出来事が久保昭の面前に迫っていた。剣道の先生として多くの女性を指導する立場は、誰の目からしても凛々しく威厳を持つ指導者として当然に尊敬される立場であった。

剣道という武道家の一員ではあるが、館長の妻である立場において館長が自分の対象物という感覚は誰にでも理解できるものだ。一方では、館長先生は男女の性別を越えた生徒と弟子全体の対象物でもあるから、嫉妬心が生まれることはないのである。久保昭館長が父の教えや母への恩を越えた剣道という伝統を、護るべきの武道精神に生きている間に、探偵を雇用して昭館長の周辺を調査させていた妻は、責任の重大さを感じていないかったどころか、調停にまで発展していた埼玉道場の住民との事件を傍観していたのだった。久保昭は、今までに多くの困難と悲しみを乗り越えてきたが、今回こそどん底に陥ってしまったと感じた。誰に相談してよいのかも分からず、仏壇で両親の写真を眺めては、ため息をつく日が数日続いて、やっと久保昭は、決断をした。

「私の最良の判断ではないかもしれないが、離婚することに同意してほしい」

昭は俊美を見つめて、言った。

「そうね、その方がお互いに良いでしょうね。それで慰謝料の方は考えてくれたのかしら。子供の養育費もあるから」

「勿論、苦労はさせないようにすることを約束しよう。大事なことは子供のことだが」

「ええ、これはどうかしら、こずえは私が見るわ、女の子だから女同士のことも話し合えるし、何かと直接に相談しやすいのよ」

「それは理解できる。、こずえのためにその方が良いだろうね。それで豪は私の方で育てよう。将来的に久明館の後継者として武道家になって欲しいから」

「いいでしょう。でもお互いの子供には会うことに何の問題がないでしょう。当然に子供との連絡にはまずあなたに知らせるわよ。いいでしょう」

「ありがとう、それでいい。親と子は生涯縁はあるからね」

「それでは、養育費と手切れ金のことだけど」

俊美は、淡々と事務的に、会社での来客にお茶を入れるかのような無表情を維持しながら昭先生の目を見ることなしに早口で言葉を発した。

久保昭は結婚したころ、剣道に興味を示して、数日間の基本稽古に汗を流していた若い俊美を凛々しく多少のあこがれに近い感情で、伸ばした手足に見とれていた。それが今となって、剣道への興味は仕方ないが私のどこに欠陥があるのか、私の何について身に入らないのかが理解できなかったのだ。俊美という女性に無関係ではあるかもしれないが、剣道家であるとか武道家であるなどは、人生にとって重要ではないだろう。久保昭にとっての妻という女性は一人であったが、俊美には自分の母親が承認したように、本当に複数の男性がいたなら、人間としての道理と理性は存在しないのだろうか。相手が真心を込めての行為は無になってしまうのではないか。これこそ日本人だけでなく世界的に共通の人間道徳というべき態度に反することになるのだ。

久保昭の精神はずたずたに切り刻まれたようにどん底に叩き落された。剣道の道場を東上線沿線に数か所開設して青少年の健全な育成を、どこよりも早く確実に日本人だけでなく、西洋や豪州、米国、そのほかの国々の老若男女に尽くしてきたことが水泡に帰していくことが明らかになってしまった。その上に久保昭をまるで傷だらけの体にとどめを刺す程の出来事である離婚が、人生の岐路を示していたのだった。

第六節　必死の精神

朝霞の駅周辺の開発が始まったのは昭和六十年頃であったから、人口は増え始めて活気がついてきた時期に、八年続けた久明館道場を閉館した。朝霞道場は米軍の基地があったことで外国からの剣士が多少育成できたことと、兵士同士が母国に帰った後でも剣道を続けると約束してくれたことが久保昭館長に勇気を吹き込んだのだった。

多額の費用と綿密な計画を立ててから、十分な月日を費やしての手作り道場であったから、また父の嘉平先生の故郷でもあり埼玉道場の閉館には、胸が熱くなるほどに無念という感情を周辺の人たちに隠しきれなかった。久保昭という剣道家は決して人前では泣かないが、この時ばかりはこみ上げてくる切ない悔しさや自己の未熟さそれに世の中の厳しさなどを正面から受け止めてしまい、涙腺を調節する余裕もなくして純粋な眼の汗が流れ出てしまった。更には、通常なら有り得ないが、久保昭が声を出して嗚咽した姿を目の当たりにした生徒や剣士までが、館長先生に寄り添ってそのまま従ったのだった。

平成二年の六月に埼玉道場・久明館の新河岸道場が十年間の活動に終止符を打ったころ、久保豪は高校三年生になり、進路の方向が定まらないまま稽古を続けていた。館長としてというより一人の人間としての父親の立場で、

「大学に進んでほしいのだが、大学へ入学する費用が用意してやれない」ことを久保昭は、申し訳ないと思いながら、何もできない自分に苛立ちさえ感じていたのだった。この年の七月に、東京剣道道場

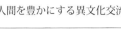

連盟の副理事長に就任して、一層の普及発展に貢献するよう理事長から要請された。久保昭は、自分の体験を活かして感想を明確に発言した。

「剣道という武道の代表的な稽古は、苦しいばかりではもう現代人は遠ざけるばかりです。子供には礼儀と感謝の心を育成しながら、他の武芸に親しむように教えることが大切と考えます。例えば英語、中国語、韓国語の語学教育、習字、お茶、生け花、演劇、落語なども普及するときの会話に大いに役立ちます」

久保昭は、決して理解されていないとは思わなかったから、情熱を込めて明確にゆっくりとした速さで言葉を使った。

久保豪は、自分では剣道がすべてではないと感じていた思春期で、かつての昭館長が父の嘉平先生から離れて海外に旅立ったように、海外に行って多くの人と交流したかったのだった。大学生になれば、教職の資格を簡単ではないが取得することも不可能ではない。久保豪剣士は、有段者になって一つのけじめが付いたと考えていたから、別の目標を思案していたのだった。

「小学校の先生になって剣道をまた始めてもいい。それまでは一度は剣道から離れることも悪いことではないだろう、教育大学に進学して教職の資格を取得した後で、休んだ分を取り戻せば、誰にも非難されるはずはない」

豪は、大学生という立場も魅力と考えていたが、それ以上に祖父から受け継いだ剣道という武道を大学生の身分で世界の人たちと交流し、剣道を行うことで自分を認められることで威厳を持ちたかったのだった。

久保昭にとっても唯一の剣道の後継者であったから、自分の分まで大学で好きな絵を描いたりしながら、小学生の時から続けている書道を専門的に学ぶことに賛成だった。そして大学在学中に語学を学んで教職の資格をとることで先生の立場を理解し、さらに深めて剣道の師範になってくれれば昭館長にとって何も言うことがなかった。だが実際には大学に進めてあげることが不可能であったから、「奨学生の方法もある、これを目指すしかない」といわなければならない昭館長にとって、辛かったのだった。

久保豪は、奨学生であれば大学生時代であるときは良いのだが、大学卒業の後に返済という義務が残り、年十年もの間拘束されることになる。豪はこのことが、気になり、悩み続ける原因であった。それはたとえ豪が、大学卒業してから教師という公務員になって数年間を無事に勤務することで解消されても、借金ということ自体の重い荷物が我慢ならなかったのだった。しかし、どちらであってもたとえ入学できなくても、豪は自分が友人たちと大学入試を受けないことが、友人たちとの絆を破壊するような思いと感じて希望大学を数か所受けた。豪は、父や祖父から受け継いだかどうかは判断付かないが、夜も昼も懸命に教科書を理解し、難しく理解できないときは図書館や友人宅に泊まり込んでの受験対策を実行に移した。

豪は、希望大学はもちろんだが、他の大学全てに「合格」して、友人と喜び合った。しかし、久保豪は、試験結果の時までに、「入学金をそろえるように努力する」と言った父先生の久保昭を頼りにしていた。久保昭は、親類の家や友人、国民金融公庫や銀行を徹底的に交渉したが予定の金額には達することができなかった。剣道の責任者で館長という立場でも、一千万円という多額な金銭を、実子で後継者候補の剣士に「金額がそろわないから大学進学を諦めろ」なんて言えるものではない。いや、どんなことしても用意するべきなのに、と考えたが現実は薄情であった。

久保豪から数日後に、昭館長に電話が入ったが、それは想像を超えていた。

「お父さん、お金は誰かが払ってくれたから、入学できたよ」

「ええ、どういうことだ、話してくれ」

「今日、国士舘大学に呼び出されて行ったのね、そうしたら全額が大学側に支払われて僕の入学が決まった。お父さんでしょう」

「いや、ごめん、お父さんはお金を用意できなかったんだよ。だから、もしそれが本当なら誰が…」

久保昭は、豪の言うことが直ちには信じられなかったし、変な予感を感じた。

少し前になるが、久保昭館長が沖縄の石垣島に、三千坪の原野を購入して、子供たちに自然と広大な環境の下で、健全な教育と健康維持のために役立てようとした構想、それは数回で中止になってしまったが、実行されたのだった。この土地にまつわることが今回の豪の大学入学金支払事件として表明されたと、久保昭は判断した。

「あの土地は、江藤という人物が絡んでいた。やはり俊美とは何かあるのだろう」

久保昭は、自分のできる範囲で解明しなければならないし、私の名誉のためにも、豪のこれからのためにも真相を究明しなければ、と感じていた。

久明館の道場生はマスコミと口コミに加えて、光が丘公園のごみ拾いや下赤塚駅までの掃除などを見た近隣の住民の評価が高かったこと、あるいは謙虚な姿勢と言葉遣いで好感を持たれていた。他の剣道場の人たちからは、「どうして我々の団体には入会しないのに久明館だけ生徒が増えているのか」などと羨望の眼差しを向けられていた。だが、表面からしか見えない一般の人は、館長さんが道場経営が上手だ、とか経理をしっかりして無駄がないやり方だ、とあたかも久保昭を剣道師範というより道場経営者としか見ない剣道の先生も多く存在していた。

しかし、平成二年に、十年続けた威厳を保っていた道場を閉館し、平成四年には十七年継続し続けた大勢の生徒とともに、解散させたことは久保昭をどん底から更に下まで突き落としたものと言えたのだ。高島平の道場で、子供たちだけではなく一般人の男女に武道の技の奥深さと武道の精神の大切さによって、自己を追い詰めての登校拒否、引きこもり、社会への反抗，非行行為、自殺志願等からの防止に一助貢献したことはだれでも否定できない。久保昭館長は、道場を高島平に昭和五十年に開設した時は、団地の前の野外での稽古を行い、掃除をしてからパトロールによる周辺の警備を兼ねて、「一緒に善い汗をかいて、勇気と元気を自分の中に育てよう」との声出し行脚を実行した。

「ありがとうございました、うちの子が明日から、学校に行くと言ったんです。あんなに登校拒否していた娘が。半年も学校休んで、家に引きこもっていたのに。先生たちのおかげです。先生こんな子でも剣道やりたいというのです。参加する資格はありますか」と涙交じりに質問してきた。

「そうおっしゃっていただき恐縮です。有難うございました。資格ですが、そんなものはありません。本当に武道の剣道を学ぶ心があればそれで充分です」

「ありがとうございます。先生に出会えたことが、最高に幸せです。どうぞよろしくお願い致します。生涯お世話になると思います」

この母親は、絶対に神様を信じないとして生きてきたが、ここにおいて久保館長と出会い、久保昭先生の教え「自己の氣は、自分の中にある」として、勇気と元気で強く優しく逞しく生きることの素晴らしさ、を初めて教えられたと言った。また、高島平道場の生徒の中に、幼児期に身体に異常があり手足が思うように動かなく、言語も明確に表現できない中学生が入門してきた。久保昭館長は、この中学生、石浦至が何度も基本技を試みたができないことで稽古を勝手に中断して休んでいた。久保館長は、石浦剣士に近づいて目線を合わせた。久保昭館長は笑顔で、低い姿勢のままで相手の眼を見てから穏やかに静かに口を開いた。

「石浦至君、かまわないよ、無理しなくて。休んでも問題ないから、今日は一つの技だけ覚えれば合格だから気にしないで。何もおかしいことなんかないよ。全体が終わったときにもう一度君にゆっくり教えますから、少し見ていてください」

「う、うん」

久保先生は、笑顔で、石浦至の頷きを確認してから戻って行った。地元の中学校の一年生石浦至が運動をすること自体、無理だと体操の先生は断言した。石浦がどうしても剣道をやる、と言い出して心配していた母親であったが、この様子を見て目頭を押さえた。久保昭先生による石浦至への直接の指導は、ほぼ生徒全員が解散した後で始められ、ただ母親は涙ぐんで見守るだけであった。

久保昭は、「なぜにして学校という空間に子供達は喜んでいけなくなるのか。学校は学ぶことでもあるが人間の社会を創る目的だから準備をする為の活動であるはずだ。それには個性を活かし、一方的な詰め込み指導ではなく、生徒に発言させ、疑問は解決させ、学習を楽しませなければならないはずである。これには、確実に人間の基本的な道徳教育である武道の教育が最適であろう」と確信し、改めて自分から実践しなければならないことを肝に銘じていた。

久明館の道場は、赤塚の本部道場を残して閉館したが、久保館長は苦悩の時間を許されなかった。それにも昭は、絶対に負けないぞ、負けてたまるかという強い精神力で次々と子供たちへの可能性を見つけるべく取り組みを模索していたのだった。久保昭が二十六歳で館長に就任してから、息つく時間もないぐらいに突き進んできたことは、周囲の生徒と保護者が認めるところであるが、館長自身は「初代の嘉平先生にはまだまだ及ばない」と懸命であった。板橋区の道場が五か所に開設出来たら、一つで良いから小さな空間でも、千代田区に道場を開設するつもりであった久保昭の大きな構想は、実現できなかったのだ。千代田区にこだわる理由は、久保昭が武道の精神を人間形成に一番役立つと信じて、日本武道館を単に武道場という格好ではなく、実質的に武道の先駆けで日本人を育成したいという大きな目標があったのだ。

板橋区の道場が閉館したのはつらいが、赤塚の本部が健在でいる限り武道精神は耐えるわけでもなく、剣道という武道が日本人から見放されたものではないから、稽古の内容と指導方法で更に充実させることを新たな重要な課題だと久保昭館長は、認識するに至ったのである。

久明館赤塚本部道場では、平成三年一月から三十四年も続いている元旦の早朝稽古、同じく継続している寒中稽古それと書初め大会を開催した。これらは、初代館長久保嘉平先生が創設した翌年から始められ、一年も欠かしたことがない。これこそ武であり道である武道の精神（継続するとの意味もあると一部の国語学者が主張するのだが）とみられ、実行してきたのであった。この年には、別の提案をして武道を再確認しようとの久保昭館長の「初心を忘れないこと」について課題を全員に与えた。

第四章

人間育成の実践

第一節　武道家の教えに学ぶ

歴史的な人物で久保昭館長が尊敬する武道家「山岡鉄舟」を知ることで、さらなる武道の本質を見直そうと考えて、道場生に一年間の研究会を実施して年末に発表会を開催することにした。最初は、大学の歴史家を招聘しての研究会が良いだろうと久保館長は考えたが、それでは、一方的な学校授業と変わらないと館長は思い直して、各自で道場でもよいし図書館でも構わないが必ず自分の言葉により手書きで自由な枚数に仕上げることを伝えたのであった。

山岡鉄舟は、西郷隆盛に面会した時に、西郷が山岡に対して「命もいらぬ、金もいらぬ、名もいらぬ」との評価をして最高の人物と認めた。これによって江戸城は無血開城が実現し、誰もが血を流さずに平和的な駆け引きで、徳川将軍・江戸幕府と官軍の和解に決着を実現したのだ。この時の山岡鉄舟の行動の一部始終は、想像を超えるものであろうが、「捨て身」になって日本のために命を落としても後悔しないという精神は、何といっても表現できないし、文字によっても説明がつかない。山岡鉄舟は、武芸（剣術）と書道、それと禅の完成者であっても、決して奢ることがなかったと言われている。これこそ武道家の最強の見本といえるであろう。時代が違う、とか現代は高度な機械文明である、などとして武道家の生き様を今日は否定することなどすべきではないし、できないのである。なぜなら時代が変容しても、行っている実践者は全て日本で暮らし、日本人であり、長年の暮らしに基づいて生活してきた人間たち・民族だからである。

久保昭館長が山岡鉄舟をもう一度学び直させようとしたのは、人間の奥底から相手への思いやりを持ち、優しい心を感じて欲しいとの痛切な願いからであり、決して達人のようになって欲しいとか偉くなることが大切だと強調したのではなかった。

「山岡鉄舟という人物が日本にいたことを誇りに思い、武道だけではなく、書道と華道を極めたいと改めて決意しました。更に社会の一員として日本人の一人として世界の恵まれない人に貢献したいと思います。これからも全力で努力精進する決意です」

発表会で最優秀賞に輝いた、少年剣士坂東英明は、力強く発言した。

久保館長が歴史人物の代表的な武道家のもう一人に、柳生宗矩という江戸時代の初期で将軍を補佐した人物を取り上げた。柳生宗矩は、伊賀流忍術の系統柳生の里の剣術家であった。柳生一族の五男に生まれたがあまりにも剣術に優れ徳川家康が召し抱えた人物で、目付という地位について江戸の治安を徹底的に維持したのだった。久保館長がこの柳生宗矩が基本とする信念「兵法は人を殺すことではなく、人を活かすことである」との考えに共感した。このことは、武道ということが単純に勝つことに執着するのではないということを意味して、結果よりも堂々とした戦いで自分と相手の発展向上を願うことが大切としているのである。さらには柳生宗矩が一番主張することは、強さにこだわるのではなく、人間の奥底にある内面性と精神性こそが重要とする禅の思考を強調しているのであった。久保昭先生がいかに剣道を通じて武道の本質つまり禅の思想とも通じる精神を最重要視、最優先しているかが伺われる。

久明館の翌年の勉強課題は「教育勅語」について再考しようとの目的で、元日稽古と寒中稽古の後に開催された。子供達にはあまりにも理解できない可能性が予測されたから、久保昭館長は、子供の保

女優　稲垣美穂子氏来館時の一コマ

護者や親類、近所の一般人も招待した。道場には入りきれなかったため、二階の事務室も開放しての勉強会となった。

教育勅語は明治二十三年十月三十日（一八九〇年）、国民道徳の根源、国民の基本理念を示したもので、国の祝日に朗読の義務化、一九四八年に廃止された。国民道徳としているが、これは父母への感謝、広義的には友人や知人さらには他人まで対象に思いやりの心を持つということを提案したのである。久保昭館長はこれが基本的に武道の精神、剣道の真の目的にも合致すると判断したから取り上げて課題としたのだ。ここで誤解してはならないが、久保館長の指導、教授の根底にあるように決して強制をしないということである。初代の久保嘉平先生が、昭や清剣士にだけではなく全部の生徒に、強制ほど人間を悪くするものはない、と強調したから、それを館長だけでなく、指導員全員が徹底していた。久保昭師範もこの教えには、言われたからではなくて自分でも同意することであったのだ。

久明館はいくつかの道場を開設して、歴史的な人物や出来事を原点に戻って文化と伝統を再考することで人間の心、

姉妹道場の関係を結んだ、上海武術館　毛館長（写真中央）と。

精神の重要性を剣だけの修行に加えて人間形成に参考となる勉強会を開いた。稽古の以前よりも一層深みのある実戦的な教養を身に着けることを第一の目的にしたのだった。道場を赤塚の本部に集中することで今まで以上に、芸能人や政治家の入門者が目立ってきた。女優稲垣美穂子氏が来館して剣道に熱中するまでに、その善さを知って入会して生徒になり、東ドイツ剣士ゼルサビ氏を招聘しての募金、ミュージカルの「白姫伝説」の観劇会の招待など多彩な行事によって武道の範囲から拡張していき、上海武術館との姉妹道場の締結、板橋区わんぱく相撲大会開催では久明館の名を全国的に知らしめた。

第二節　自然での教育

「人間を教育することは人間にはできない」とは、よく聞かれることであるが、キリスト教の司教アウグスティヌスの教えによれば、「人間は、教師になれず、「単に教師ができるのは記号を伝えるだけ」と主張するのである。一方で、フランスの教育思想家ジャンジャック・ルソーは教育は自然に任せることであると説明した。この場合の自然とは、自然のまま本人の成長する過程での自然な教養の獲得と自然な流れをも含んだ広い視野での個人の尊厳の優先を訴えて、強制すること、無理やり狭い空間に押し込めて一方的に教え込むやり方を痛烈に批判したのであった。このようにして教育自体は、強制することが一つの利益にならないで個人の能力にあった指導方法が最良であると考えられる。

剣道場の稽古は、有段者が初心者に、「こうしないと駄目である、こうやらないと有段者にならないし大会では減点される」などという説明ではなく、こうしなさいという間接的な強制を強いるのだ。稽古は教育と似ているもので、なぜなら稽古も教育も真なる奥底の精神までを獲得しないと身につかないから、強制では一定までの向上は期待できても更なる進歩はできないのである。久明館では、決して無理やりに剣道を勧めないし、生徒になることを積極的に勧誘しない。久保嘉平先生が強制を嫌い、久保二子先生もゆったりして、本人がやりたいとの態度を示せば教えたし、久保昭館長は、じっくり個々の人間が心から剣道を理解して「よし、始めよう、生涯剣の道を歩もう」とするまで待つような、まるで「泣かぬなら鳴くまで待とう不如帰」の徳川家康公の心境を所持しているかのようである。

季節を待って、「ヤナと益子焼を楽しむ会」を久明館久保昭館長が初めて開催したことで、参加者は「ヤナ」という魚を捕獲する仕掛けを知ることができた上に、自然の生き物の大切さと命の尊さを学ぶことができたのであった。茨城県の那珂川は、アユが海まで行って川に戻ってくるときに途中の川に竹で組んだ莫蓙か大きい魚籠を広げたようなものに乗る魚は、ヤナから再び水の中には戻れない。久保館長はアユの姿を見ながら人間の残酷さ、生きるためにどれだけの命をいただいているか、生きること自体に他のものにどれだけ迷惑をかけるのか、を解説したかったが、渓流の中、自然を満喫している子供たちを見ていて、「説教じみたことはやめよう、きっと誰も感じてくれているはずだ」と思ったから、小さな声で「アユ君ごめんね」と一礼したのだった。

もう一つ大きな行事をこの年に開催したが、予想以上の反響を読んで、地元の人々が集団で集まった。それは日本でも有名な「益子焼の体験」で、日本人以上に外国からの参加者で対応が混乱してしまった先生方と指導員であった。この焼き物は濱田氏が栃木県のはずれである茨城県よりの土地に赴いて、粘土質の土に轆轤を回したのが最初であった。参加者たちは、土を掘りあげて集めてから形を作り、火力の加減で完成品に仕上げる過程の難しさを知って、剣道の稽古と何ら変わらないことを覚えたのだった。茨城県の焼き物は笠間焼、水夫の焼き物が人気を呼んで最近では遠方の各地から若者だけでなく、高齢者のご夫婦や婦人団体などがバスで訪れ、賑わいを見せている。

子供達は上手に完成してもしなくても、自分で初めて食器や置物を創った喜びを顕にしてお互いの作品を講評して親睦を深めていた。久保昭館長は、将来性のある子どもは国の宝で、子供たちへの正しい教育と積極的な行動は重要であると感じて、これからも剣道の技だけに限定することなく、多くの体験をさせてあげようと自然の中で、子供の笑顔を見て再決断していたのだった。

第五章 海外から見る日本

第一節　東洋の武術と武道

久明館として、初めて海外の地で剣道研修を開催したのは、昭和三十九年四月に香港、豪州、ニューギニアが最初であり、それは久保嘉平先生が指揮を執り行われた。この昭和三十九年は十月に東京オリンピックを控えていたことで、日本中に好景気が訪れて発展途上のまっただ中にあった。武道の世界では、オリンピックの種目である柔道が人気を博していた。

オランダ人ヘーシンクは、空手家カレンバッハとともに当時は最強といわれていて、日本人には勝てるほどの実力者が不在と予想されていた。実際に練習試合ではヘーシンクに勝てた日本人はなく、せめて若かりし日の木村政彦や現役の山下泰裕ならどうにかなるのではないだろうか。剣道はオリンピック種目ではないということより、武道を逸脱することがないために派手にはならないで、礼儀や形式という武道の奥深さを最優先にさせる。ここには、有名選手や大会優勝者がマスコミに大きく取り上げられることもない。だからこそ武道であり、派手にならない精神の調整は必要になって、心身の統一と勝敗だけを重点に置かない武道の精神が確立されるのである。

香港の地に剣道を広めようとしたのは、久保嘉平先生が、戦争中に香港に赴いて数年間の生活の中で住民との交流を深めたことと、香港側が武道、武芸を理解して古くから盛んであったことなどがその理由である。香港には、日本人が戦前から住み着いていたから日本語が多く語られ、現地の習慣も日本とあまり変わることがなかったので剣道はすぐに受け入れられた。

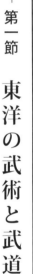

香港の住民は、イギリス人も大変に優しく思いやりがあるが日本人は多くが礼儀正しくて親切な人であると評価した。

「香港は夜景ばかりではない。町が美しい。人間が穏やかで思いやりがある」

久保嘉平先生が、最初に香港と香港人に抱いた感想であった。また、香港人が日本人を評価するときは必ず、「礼儀正しい、正直な人」と高い評価になる。しかし、武道としての剣道を行っていた久明館であるから、この評価が持続されたのだが、一人が旅行とかただの物見遊山であるような態度を見せた場合には、最低の評価になってしまうだろう。久保嘉平先生が築いた海外の評判を絶対に下げることは昭館長にはできなかったし、誰にもそのような態度を慎めさせなくてはと心に誓っていた。ここで気づくことは、久保嘉平先生が海外の研修を始めたことと久保昭先生が豪州に行って剣道を広めようとした時期が奇しくも重なることである。これは憶測かもしれないが、久保嘉平先生は二十歳で海外に行った実子久保昭を気遣って、一回目の海外研修を行ったかもしれない。いやそれだけではなく、「一度自分が決意したことは、どんなこととしても良いから夢を諦めるな」として息子のために陰ながら応援しようとしたようでも親心の様でもあるとみられるのだ。

香港の町全体が剣道大歓迎であったから、どこに行っても嘉平先生は質問攻めと指導に明け暮れていた。四月という季節が、豪州でもニューギニアであっても剣道の稽古に最良の日で、歓迎されたことは同じであって、日本人は人気があり、ボランティアが参加してくれ、現地の通訳まで引き受ける人が大人数となったほどである。

久保昭は、豪州の研修会に参加して、英語を交えての解説に、来場者から盛大な拍手を受けていた。

久保嘉平先生は、昭青年と無事オーストラリア研修を終えた後夕食をしたが、多くを語らなかった。

「元気にしているか。食べているか。眠れているか。酒はあまり飲むな」

などと心配しての発言に終始した。

「父さん先生、顔色があまり…」

「なに、少しの疲れだ。海外は食べ物が合わない。それよりも英語上手だ。母さんに感謝せんといかん」

「分かっています。帰ったら母さん先生に心配しないでと」

「うむ。一つだけ言う。絶対に忘れるな、いいか。氣が、一番大切だ。氣が昭に、まだまだ足りないぞ」

「氣、ですか」

それから久保嘉平は、沈黙して右手を昭の青眼に向けた。久保昭は、父先生と今までにこんなに面前で話したことがなかったし、初めて英語での解説が上手だと厳しい久保嘉平先生から褒められたのだ。昭青年は二十歳の若さで子供らしさが残っていたことからか、「トイレに行ってくる」と言ってトイレに駆け込んで泣いたのだ。褒められたことがなかっただけに、剣道そのものではなかったが認めてくれたことは確かであったと実感したら嬉しくて無性に涙が勝手に滲み出て来て、流れ出したのだった。

久保昭と初代館長の久保嘉平先生が最後に会話したこと、久保昭を剣道の説明で英語を話しての指導ぶりを絶賛したのが、この時が最初であり最後であった。この後は二度と会うことも話すこともましてや、認められることもなかったが、二人はそのような運命をこの時には知ることができなかったのだ。

久保嘉平先生が開催した海外への剣道普及の基礎が久保昭に継承されたが、しっかりと根付くには相当の久保昭の熱心な指導と長年の年月を要した。中国の一部としてイギリス支配の地域でもあって、武術の本場に武道の剣道を理解させることは中国人に日本語を教えることよりも難しく、入る隙間さえ見当たらなかった。久保昭本人でさえ最初は、躊躇したのは事実であった。

「武道は無理かもしれない、竹刀もないし、袴だって受け入れない」と自信がなかったのだ。だが、久保嘉平初代館長の言葉を思い出して昭師範はこちらも人間なら中国人も人間であるから、

「絶対に不可能ではない、やろうとしたらできるはずだ，氣だ、氣を合わせること、真剣になることだ」と自分に活気を入れて、早朝に太極拳の練習生徒を尻目に剣道着で竹刀片手に気合とともに走りこんだ。途中に、警察官に追われたが久保昭の熱心に話す中国語で「悪い人ではない」事を理解させ、竹刀を振っては何度も健康のための日本武道と解説した。しかし、どこにもいるように、久保昭のもとに中国拳法家で本物の剣を手にする男が現れて、早口で昭師範に迫った。

「勝負したいのだが、戦う自信はあるか」

「ええ、負けません。命かけますから」

「珍しい日本人だ。勇気ある心に、病院までの送りは引き受けてやろう」

「ありがとうございます。私はあなたを怪我させせたら、介抱してあげること約束します。安心して遠慮なく、戦ってください」

「え、介抱してくれると…」

久保昭は、久しぶりに上段に構えた。その方が相手への圧力をかけて、剣を一気にたたくことができるとの判断であり、相手の片手青眼に対処できると考えたのだった。

じりじりと相手は額に汗を滲ませて迫ってきたが、突然に飛躍して昭の頭上から一刀両断を試みた。

昭は何度も練習していた通り身体をやや低く構えると、逆袈裟切りで相手の剣の峰を叩いて剣を払った。その瞬間、相手の剣は手から離れ空中に飛んでいって離れた地面に突き刺さった。中国剣士は、完敗を認めて、昭の前には深く礼をして、

「赦されるなら弟子のひとりに加えてください」と懇願した。昭は、「もちろんです、よろしくお願いします」と言って礼を返した。久保昭は、中国で武術の大家との戦いは決して利益が見いだせないものので無駄ではあったが、逃げることもできない状況の中、無事に怪我無く乗り越えられたことに安心した。それと同時に久保嘉平先生の教えである「氣の心」の在り方には感謝しないではいられなかった。

昭和六十年の六月に、練馬区の光が丘新聞に掲載された「チビッ子剣士に香港交流会」の模様は日本の子供たちに勇気と感動、元気を与えた。武術の国であっても剣道を全く受け入れないのではなく、熱心に武道の善さを説明して何度でもくじけることなく心と心でぶつかるまさに「氣」の精神であるといえるものだ。

第二節 世界へ羽ばたく武道精神

昭和四十八年八月には、アメリカ合衆国で初めての親善少年剣道大会が開催されて奨学生低学年の部で見事第三位となった。この大会の意義は、アメリカという巨大な国家に剣道という武道を正式に紹介し、日本の精神が剣にこめられ、日本の文化であるということを一般人に知らしめたことだった。これはスポーツにない礼儀正しさと相手を思いやる優しい心を少年たちが見本となって日本人の精神を紹介し、久明館の名称を社会に知らしめた輝かしい出来事であった。ニューヨークタイムズは、「剣道の国日本で息づく武道精神」として大きく取り上げ、剣道のこと、久明館について、久保昭館長の紹介を二ページに特集を組んだ。

アメリカ合衆国の親善試合を皮切りに、台湾、フィリピンでも少年部数名が夏休みを利用して海外に研修の目的で、参加した。勿論、久保館長は常日頃から「なるべく早くから海外へ行き自分の眼で見て比較検討して、外から武道の善さを再確認することが大切」と生徒たちには話していたのだった。

海外の剣士では、チェコスロバキア出身のスターニャ女史が最初に挙げられる。彼女は十三歳から空手（伝統空手）を学び子供中心に百人を指導していた。本物の武道を習うために日本に来たが、久明館の剣道を知ってから剣道に打ち込み、内弟子になって厳しい修行の末に有段者となり指導者として一層努力精進した。また、スターニャ女史は茶道、華道、書道、尺八，琴などの日本の文化を徹底して習得した武道家であった。

チェコ共和国　クラウス首相夫人（写真中央）来館時の一コマ。写真右がスターニャ氏。

スターニャさんが一九九六年十月に、皇居に招かれて天皇陛下（現在の上皇陛下）に直々にお言葉を頂戴したのであった。「外国の女性が美しい日本語を話されるのをはじめてお目にかかりました」と上皇様は申され、彼女は、「久明館の剣道の教えの賜物です」と答えた。彼女の返答が真の武道家を確定させる。なぜなら、通常は久明館の教えであるとはいわないで、「子供のころから両親に躾けられたので」などと答えるであろうが、スターニャ女史は本当に指導されたことをありのまま誠意をもって答えたのであった。

大変失礼な言葉を言うつもりはないが、天皇陛下様はよく人間を観察しており、なんと正確に判断したのであろう。久保昭館長は、指導者として彼女とともに皇居に招待されたときにはあまりにも恐れ多くて辞退した。

「地味ながら少しずつ、礼儀だけではなく言

米国セオドア・ルーズベルト第二十六代大統領の曾孫トウイード・ルーズベルト氏

葉遣い、謙虚な姿勢、相手を見る目線と自然な仕草を、これからもそれは武道としてだけではなく、人間形成の一段階として確実に前進していく」との目標を、久保館長は誓ったのである。

スターニャ女史はチェコスロバキアに帰郷してから母国に武道文化センターを完成させて本格武道を普及させている真の武道家である。元総理大臣の中曽根康弘氏が、スターニャ女史に激励に訪れて、「真摯な武道の指導、日本の剣道の善さを普及させる態度」に感謝し、さらなる努力精進を祈ったことは稀な出来事である。

米国セオドア・ルーズベルト（第二十六代大統領　一九一九年没）の曾孫にあたるトウイード・ルーズベルト氏（冒険家）が念願であった久明館の剣道を本部道場で単独来日しての実践稽古を行ったのは、一九九七年の秋であった。彼が一番に驚いたと語るのは「三歳児であろうと八十歳であろうと同じ様に、礼儀を厳格に、姿勢を真っ直ぐにして熱心に稽古に励んでいた」ことであった。外国からの貴重な時間と多額の費用をかけての来日で、日本の武道は本物だというがそれは昔のことであって現在はスポーツ以下である、などと評価されかねないのが実情である。しかし、久明館の剣道に限っては本物の武道だとの印象が強いのは喜ぶべきではある。そうは言っても生徒よりも指導者が、「勝つことがすべてだ、負けたらだめだ」などと結果重視の先生が多く存在しているようだ。また、結果重視なら良いのだが、結果が出ないのは価値がない、とか勝つことだけ考えろ、などとスポーツはもちろん武道大会でも叫ばれ、主張されている。これは考えなければならないと多くの指導者に助言したいことである。

チェコスロバキアのチャフラフスカ女史（東京オリンピック金メダル取得者）はスターニャ女史の実行力に感動し、久明館の剣道を率いる久保館長の並みならぬ努力に感動して本部を訪れて生徒たちにも激励した。

チェコスロバキアの元首相夫人クラウス女史が一九九四年に、本部道場を視察して少年部の稽古を終始見学された。この時の少年部は数名ではあったが、礼儀の善さ、正しさには驚嘆されて、「今まで見た武道で最高です」との評価をいただいた。

このような状況で、太平洋や大西洋を越えて久明館の剣道の評価が高まり、シティバンク、アメリカバーソンマーステラからの助成金が贈られたのである。久保昭館長は、この時にインタビューを受けて次のように答えたのである。

「自分の使命感のような、剣道という武道を多くの人に教えてあげたいのです。その結果としてだれもが幸せになり、平和が訪れて善い人生を送ることの一助になりたいのです。人間同士が争うことは無意味だと考えています。竹刀だけでいいから、いや竹刀もいらないから来て稽古しよう」

久保昭の眼は、キラキラと輝いて人間の心をどこまでも追求するその光があった。

第六章

剣道という人間育成

第一節　最善の時期及び方法

昭和五十三年五月五日付毎日新聞が久明館道場の稽古風景を掲載した。ここから抜粋して子供の道徳指導（一般的に躾ともいわれる）が当時どのように行われていたのか検証してみる。

その日の稽古には子供たちが数十名参加しての夜間稽古であった。小学一年生が始めてからほどなく、欠伸をしてしまいそれを指導担当の先生に見つかって、往復平手打ちを受けて泣いてしまった。そこで指導員はその子の前に立ち、「泣くような子は家に帰りなさい」と一喝して稽古を続けたのだった。小学剣士は半年ぐらいの経験だからまだ剣道の良さも厳しさも理解していなかったのだ。この子は泣きながらも眼は輝かせながら何とか稽古の最後までやり終えると、母親に「よくやったわね、偉いわよ」と褒められたらにっこりして帰ったのだった。母親は、自分ができない接し方を、上手に叱ることで、先生は本当は優しいのよ、叱る事は優しさの現れよ、と子供に言った。子供は先生に一礼して、二人楽しそうに帰っていった。また別の男子―小学低学年生がいうには、「剣道で叱られるのが怖いから稽古は好きじゃない、でもやらないと母親が怒って大声を上げるのはもっと怖い」というが、入門してから長い練習を耐えてきたことで精神が強くなったようだと取材者は分析する。事実、子供や母親に聞けば、「我慢できるようになった。言葉遣いが良くなった。優しくなった」などと精神面が成長していることを強調するのである。この数十名の剣士から判断されることは、人間の道徳的な教育は幼児あるいは三歳ぐらいに始まることが望ましいと言えるだろう。

掃除も大事な稽古の一つ。

ある大学教授が数年前に発表したデータに基づくなら、教育は道徳教育に限らないが、例えばひらがなの読み、音楽教育、遊びながらの体育は、二歳か三歳ごろが理想であるとのことだ。諺にもあるように、「三つ子の魂百まで」とはまさしく、理想的な教育の時期を説明しているものだ。久保昭館長は、父の嘉平先生に剣道を指導された年齢は三歳であった。柔道家で伝説の大家木村政彦氏も三歳ごろに柔道を始めたそうである。また、実戦空手を確立した故大山倍達氏もやはり三歳にして、空手の技を練習したそうであるから、習い事は三歳から始めることが理想である。

しかし、何であっても習い事は一生かけての稽古でないなら意味がないし、稽古を中断することは辞めるよりはまだ良いかもしれないが、休むことは辞めることに大差ない、と言えるだろう。

現在の稽古は、指導者が少しでも叩くことや言葉で厳しく注意すると大きな問題に発展して、暴力とされて警察問題になる。昭和五十年代の時と同一に比較はできないが、久明館の行った行為に何の問題があるか、もちろん問題があると誰も言わない。だが、今日同じ事を、欠伸をしたから叩いたこと、などでも警察問題になること必至であるが、この位の指導は決して行き過ぎではないはずだ。子供達には、現在余りにも過保護と言えるもので、子供が辛さや哀しさ、痛さに耐えることで自分がしてはならないと思い、他人にはしないように、との思いやりの精神が育成されるものである。従って、子供の非行や不登校、いじめ問題などが増加するには、武道による幼児からの道徳教育が絶対的に必要であると判断できるのである。

第三節 武道という人間追究の思想

久明館が海外に剣道の普及に初めて訪れたのは実は、昭和三十年の春のことであり、この時は初代館長以下数名での活動であった為に、正式に公表していなかったのである。久保嘉平先生は、まず香港に行って日本人の住民との久しぶりに再会しての稽古に汗を流した。香港では、剣友が戦争終了後に残留して、戦友を弔うことに生命をかける姿を見た時に久保嘉平は井上将吾郎に向き合った。

「井上君、君は我々の仲間のためにここに残るのかい」

「久保君、まだ佐藤君、山口君、添野君たちの骨は拾っていないのだ。だから、自分は帰れない。君は剣道の名人だ。剣道の精神を広めて平和の大切さを訴えてほしい。それには息子さんもいいだろうが、次の世代となる健全な少年の育成に取り組んでくれ。久保君なら強さと優しさを持っている君だからこそできる、頼む、やってくれ」

「井上君、やるよ、戦争で犠牲になった人の生命を無駄にはしない。戦争は勝ってもいいことなど全くない。戦争で迷惑かけた人たちに謝罪し、武道を通して親睦を広めるよ。でも元気でいてくれ。必ず会いに来るから」

「ありがとう。きっと会おう、久保君」

二人は握手して、抱き合った。久保嘉平は戦友と「何のために人を殺すのか」や「普通の殺人と何の変わりがあるのか」など語りながら、あまり意味のない進軍を昨日のように思い出していた。

久保嘉平は、昭和三十二年に久明館を創設して、剣道という武道によって、自分の約束を果たそうとした。それは戦争の悲惨さを知っているだけではなく、戦友との約束を守ることと戦友の生命を鎮魂するという人間性の本質を追究するものであった。戦争を体験することは、強さと優しさを感じることになる、いや感じざるを得ない。だからと言って戦争体験が人間には必要だと言ってはいないのだ。この二年前に、久保嘉平先生は、剣道普及の目的で香港からニューギニア、オーストラリアへと赴いて、日本の武道を紹介しての稽古を実践した。この経験は、久保嘉平館長の道場開設に大いに役立ち、同時に日本人ばかりではなく、海外の人たち、日本人でありながら残留した日系人あるいは現地の少数民族の精神と思想を心から受け止めたからこそ、指導の場合に個々人の個性を尊重できたと考えられる。

久保嘉平先生が、戦争を実際に見て、言葉は少ないが身体を駆使しての剣道によって、自分の子供や青少年、一般社会人に「強さとは、優しさとは何か。人間に何が大切で何が不要か。どのように生きるべきか」を諭していたのだ。その最も身近にいた久保昭は、二十歳になったときに海外での普及活動中、一時的に赤塚の道場に戻った時に、少ない言葉で指導された。

「一度決心をして行動したなら、何があっても中止するな。自分で言ったことと行動は異なってはならない。自分との約束は他人との約束と全く同じであるから、尊重するべきなのだ。必死でやるのだ」

このような口数少ない父先生の本物の武道精神と肉体の指導は、久保昭館長が明らかに理解し、実践してきた。剣道の稽古の一環であっても、海外遠征試合、書道、自然稽古、スピーチのコンテスト、ファッションショーへの参加その他の行事が満載する道場は他に類がないし、そのような発想すら他の剣道家にも武道家にもない。

久保昭館長が教育について次のように力強く語る。

「現在の青少年少女は心身を鍛えることより塾での勉学を優先している。頭脳は心身の統一が必要で、加えて痛みや我慢することなどの精神面も同時に学ぶことあっての勉学ではないだろうか」

久保昭館長は、「剣は人間教育」と信じ、そのように人間自体を常に追究している。今日はとくに、機械化社会の中に生活しているからこそ、生きることについて考えてほしいのである。

特に保護者の方々には十分、人間性の確立は勉学だけでは不可能であることを理解すべきだ、と声を大にして主張するが、その一方、保護者の方の気持ちは理解できないわけではない、という。何でもそうだが、子供たちに競争させることで人間的な成長ができると安易に結論を出していることが精神を腐敗させるとみられるのだ。子供達は幼児のころから保育園で他の子ができることを別な子ができなかった場合は、「どうしてできないの。貴方だけです、できないのは」と大声で叱る保育士が多く働いているのである。更には、これが正しい教育方法だと勘違いして堂々とし、迎えに来た保護者に説明するがその場合には事情を少し変えて、自分が注意したが全く聞かないからやむを得ず叱ったというのだ。

数日前のことだが、保育士が、言うことを聞かない園児を注意したところ、無視されたので数回殴るという事件が起きた。これはやりすぎであることは明らかだが、子供の躾を保育園だけに任せている家庭に問題があると考える。保育士もただ叱るのではなく、個人差があって他の園児と全く同じように行動できない子も、保育士が早口で言った時などは特にそうであるが直ちに理解できないことも多くあるのだ。保護者も保育士も、園児は何でも言えば直ちに行動を起こせるというものではない、という実情を理解してほしいのだ。剣道の久明館が、三歳からの教育を提唱して、心身の統一を目指していく久保昭館長先生の思考はまさしく理想的であると判断できる。

事実、脳の活性化には、精神が関係することや武道の稽古は激しすぎではなく、少なすぎでもないから最適だと言う教授も多くはないが存在しているのだ。学校の教室、塾のような空間だけで何時間も緊張しての体形の維持は、身体に悪影響を及ぼすと知識人が訴えている現状である。そのような人間の状態からは、ストレス、病気の症状に直結して挙句には、いじめ問題、不登校、非行へと向かうことも出てきてしまう。

久明館が長年実施した様な、勉学と肉体強化、精神修業を上手に加味しての精神の安定を図る教育が今日には、小学校に限らないが欠けていると言えるだろう。

武道の教育とは、幼少のころからの心身の強化であるが、特に精神を強化することと正統な思考、つまり正しい判断が自然とできるようにする理性を育成して社会に貢献できる、あるいは貢献しようという心を育む訓練である。それだからこそ、今日の日本社会になくてならない学問という範疇の重要な教育が武道であるのだ。

女優で作家の岸恵子女史は、令和元年の八月八日に日本放送協会の出演で、

「戦争体験者です、私は大人が言ったように防空壕に入れと言われたが危険と感じて近くに木に登った。それで生きて今があるのです。当時十二歳でしたが何でも言うことを聞くのは良くない。自分で判断したことも正しいことがあります」

と言われたが、これには、大人が言ったから正しいということではない、自分の直感の判断が例たとえ十二歳でも、間違わないことがある、と言いたかったのであろう。

久明館の久保昭館長が、指導力に類を見ないほど優れているのは、「子供を一律に同じ子供と見ない」、「痛みだけが残る叩き方をしない」（三度注意してできないときは本人に理由を聞く。理由に正当な答えがないときに軽く叩く）、「叱っても必ず良い点をたくさん褒める」など、幼児であっても必ず一人の人格を持った人間として尊重しているのである。久明館は単なる剣道の道場というよりも、子供から大人、高齢者の人間教育の現場、勿論、男女の区別も国籍もない実践の実用的な現場そのものである。ここに唯一の武道教育という実践的な、日本では他にない道場で、それを知り得ているから、日本以上に海外からの参加者と入門者が絶えないのだ。武道の教育が現在において欠如している結果悲惨な事件が後を絶たないとは、言い過ぎではなくもっと声を高らかに言うべきであろうと確信する。

第七章

人間社会と武道

第一節　武道と宗教

　日本においては海外の人に比べて、明らかに宗教に関して意識が少なく、会話する内容では、ほとんど宗教が話題にのぼることはない。日本以外の国では、多くは親しくなった友人同士であれば、必ずと言っていいほどに、「あなたの信じる宗教は何ですか」と質問されるが、そこではその個人が明確に自信を持って答えるのだ。外国の人が相手の宗教を知ることで相手に対しての気遣い、配慮するためにも知らなくてはいけないと考えている理由から聞くのである。

　日本ほどに仏教、キリスト教、神道などが盛んな国もあまりなく、日本中のどの地方へ行っても神社やお寺あるいは稲荷神社、神宮、祠などが無数に存在している。更には、山の神とか村の神も多くあって、至る所が神だらけになっているのが日本の現状である。武道の稽古場では通常は、神前が飾られていて、修行者は誰もが一礼する。日本は他の国と比較すると、神道系（神社の氏子）でありながら仏教系に所属するという二重構造の実態がある公の統計で確認されている。

　武道の神は、まさしく江戸時代に儒家神道を提唱した林羅山の言うように、儒教と神道の一致の神とみられる。その中で「三種の神器」（剣・鏡・勾玉）は「中庸」でいうところの「知／仁／勇」の三徳の象徴だとしている自体が、神道の思想は儒教そのものと言えるのであろう。武道の神として「鹿島大明神」と「香取大明神」を各道場では奉ってはいるが、儒教的な態度に反するまでではないが、形式だけの武道場は決して少なくはないのだ。

神儒一致であっても正確には、儒教を軽くして神道を重んじた、山鹿素行（山鹿流の兵法学者）は、古くからの八百万の神を尊重していたようでもあった。山鹿流の兵法が江戸時代に盛んになって、神道が以後に確立されたといえるものとも考えられる。武士の中で神道が成長していったが、そのままに武道場では厳格に形式だけでなく実質的に正確に行っているのは、剣道の道場だけであろう。宗教的な神を信じることは、個人の自由であり大切なことであるが、身近な神をもっと知ることを勧めたい。確かに神道は仏教と違って儀式や体系化されていないことで分かりづらいものだが、神社にお参りや初詣、受験のお参りなど実際はほとんどの人が実践しているはずだ。これらによって人間が謙虚になり自然を大切に思い、人間の心を清らかにし、間違った行動をしなくなるであろう。それ故に、「自分の神」を重要であると考えるべきではないだろうか。

久明館の道場は、必ず道場に入ると一礼し、神前に一礼し、先生に一礼する。この時の礼は、流れるような礼をしてしまったら、やり直さなければならない。礼するときの相手に真っ直ぐな姿勢で、人間なら相手の眼を見ることとしている。それだから、内弟子であったチェコスロバキアのスターニャ女史が、態度と言葉遣いを高く評価されて、天皇陛下謁見となり、さらには東京都の「日本語の主張大会」で優勝に結びついたのである。剣道場はもちろんであるが日本人には神道の事をよく理解してほしい。無宗教の立場、無神論の思想が悪いとは思わないが、神道の生き方を探求するなら、少なくとも現実の生き方より、僅かではあるが、より良い生き方ができるような気がするのだ。

第二節　現在と武道

日本人はどうして伝統の文化や武道の精神を忘れたのか、その回答を明確に誰もが答えられないし、正解を見つけることが困難であろう。しかしながら、武道に関して断言できることは皆無ではない。その一つに、日本人にとって武道教育や武道精神が必要と感じていない人がほとんどであるということ、解りやすく言うなら日本に暮らしている大部分の子供から大人までの人たちが武道は今日の社会に、存在価値がないということで、これは日本人にとって残念以外に何者でもない。武道の精神があったからこそ、海外で高い評価がされ、「日本人は礼儀正しい人たち」との思いで親しみを感じてくれて尊敬された事実がある。

昭和から平成、令和となって、日本は小さな島の大きな産業国にまで発展を遂げる一方、人間的には機械に操作されて感情や感覚を数十年前より失った気配が存在するとみられる。マスコミの間では、毎日のようにスポーツ大会で優勝して何十年ぶりの快挙とか、金メダルを獲得したなどと賑わせている。その裏側では、災害で被災している多くの人たちには、注目することもなく、一年後に迫ったオリンピック（まだまだ先のことではあるが今から騒いでいるという、批判が多くあるが）盛り上げるためなのか、必要以上に話題を取り上げているのだ。もう少し、いや多く武道精神を持ち得ていたら、弱い人たちや悲惨な状況の人たちに目を向けるはずである。また、現在、毎日のように凶悪な犯罪が後を絶たない。昭和の後半頃からであろうか、このような残忍な肉親同士の事件、友人同士の致死傷、近所同士の闘争や通りすがりの人への傷害事件など連日に報道機関は休む暇がない。日本に相手を思いやる心、優しさ、全てに感謝する精神があったなら、無くなることは無理だとしても少なくとも現在より減ることは確実だと断言する。だが、誤解されてはいけないが、スポーツや娯楽を否定してはいないが、人間に大切な「心・精神」を再考して、「人間にとって本当に大切なものは何か」をもっと真剣に議論するべきと考えるのである。

日本では八月になると決まって、終戦と被爆のことを一つの行事として取り上げて問題視されて「平和宣言」する。ここでは必ず核兵器の廃絶を訴えるが、全く効果が見られないで毎年時間は過ぎていく。唯一の被爆国日本でありながら、戦争自体のことをよく知らない人間が「日本人」なのである。日本人による被爆体験を何度も公表する被爆者の辛さは本人でなければ知り得ないだろう。日本の善さ、武道の精神で、「自分には関係ない戦争など知らない」では済まないことを知るべきである。今年の平和の誓いでは、高齢者の山脇様が登場し、六十歳すぎてから独学で英語を習得した成果を示して英語で被爆廃絶を訴えたのであった。

武道の精神は、相手を思うこと、相手を尊重する心の在り方を目指すもので、人間社会にとって最重要な、「人類の基本的な心の在り方」を含有する人間の基礎的な感情の持ち方を意味するのである。

第三節　武道家の条件

武道家とは、武道を志してある一定の生徒を指導し、武道場を自己の教育の場として、運営する人物だけをいうものではない。形式的には、「武道を指導する立場の師範であり、有段者であること、武道以外に職業を持たないことと更には、十年以上の経験を積むこと」であると一般的にいわれる。実質的にはその武道を全て知り尽くし、生徒に解説を行い、模範演武を披露することができること、相手と対戦して制することであろうと考えることができるのだ。しかし、武道家という定義が曖昧で、武道以外にも職業としている場合があるために一概に明確な基準がない。また、これらに加えてどこまで精神的に、武道を大切にしているか、武道と言いながら稽古内容はスポーツと変わることがない師範も存在するから、武道家と呼べる師範が少ないのは確かである。

武道家にとって一番に大切なことは、金銭のために道場を運営するのではなく、健全なる青少年育成と武道教育を実践していることが重要である。勿論、道場の必要な経費や運営費は、確保しなければならない。だが、必要以上に会費を徴収することや、寄付金を道場の維持費の名目で保護者に懇願することは、武道家の行為ではないのは確かである。スポーツの団体が、少年少女に太極拳という健康体操を教えているとしても、太極拳が武道の一部に加わってもこの場合の指導者は、武道家とは呼ばない。仮に武道を指導していて、武道の技を知らない、生徒に説明できないなら武道家ではなく、武道クラブの先生と呼ぶ以外にはない。

剣道の道場久明館の初代館長である久保嘉平先生、二子先生、久保昭館長先生は間違いなく、武道家であり、武道の剣道に一生を捧げてきたことは誰も否定できない。多くの剣道場が存在する中で久明館が一度として営利目的に道場を開放したことはないという事実は知らない者がいない。久明館の道場の運営は、ボランティアに近い経営思考であって、多くの金銭を納入させないように努めて、遠征費や道場の宿泊費、勉強会の経費など道場負担であった。もし、仮に初代からの館長が私利私欲で道場経営していたならば世界中に道場を持つことが可能であり、久明館はあたかも「神のような存在」として有名なノーベル平和賞の候補に推薦されるであろう。そのような実績はあるとしても、久保昭館長は決して望まない代わりに、世界中の剣道家が集まって世界平和の為に一堂に会し交流して、人間教育と地球の将来について討論するべきというのだ。この発想自体そしてその実行を目指していることは、久保昭館長が正統な武道家であることを証明しているようなものである。

剣道と哲学の関わり

第八章

第一節　哲学という学問

哲学という学名は、日本人の哲学者西周によって、命名されて今日に至っている。哲学とは意味は、多くの学者がそれぞれの解釈をしているが、元々「知を愛する」ことであり、その始まりはソクラテスというのが一般的である。それでは、剣道を哲学的にみてみると、「剣とは何か」や「道とはどんな意味があるか」あるいは「剣と竹刀の違いは何か」（材質という相違ではない）などを検討することが重要な課題となってくる。これらの課題を簡単に説明するなら、剣は刀と違って両刃となっていることで良い方に向かうのかと同時に、悪くもなることの諺に「両刃の剣」などという。一方で、剣と異なる刀は日本独特の剣術の象徴で、武器の一つとしては当然だが、芸術品としても、長年にわたって武士に愛用されてきた。「道は終わることがない」という意味で、哲学は継続することと道徳を根底に、人間の精神までを追究する学問ということでもある。

剣道という武道を哲学的に考慮するなら、剣というものを所持する中で、継続して人間の正しい道を求める思考を日々怠らないようにすると言えなくもない。もしそうでないなら「両刃の剣」に従う人の生き方を自己が選択する運命を、自分自身が決断することになる。

久保昭館長は剣道について常に語っている。

「剣道の最大の特色は、修業において哲学を実践に移すことが義務とされる。理論と実践の多少の矛盾について、私たちは毎日生活の中で目の当たりにしているが、剣道ではこれらを調和させることで人間の成長に役立てていると言えなくもない」

人間の精神を確立する武道精神が、人間自身で生かされていることの重大性を見きわめる中で、剣道こそ我が国の誇る優れた教育そのものであり、人生に応用できる哲理でもある、と確信しているのである。

剣道の奥深さは、単にスポーツのような練習ではなく、厳しさと苦しさ、激しさを伴った修業を積んだ剣士しか理解できないかもしれない。女子の一般部の中で目立っていた松沢俊美三段は、助教の実力を持ちながら引退したことが惜しまれる。剣道の修行では、何よりも継続し、精神を探求して、禅の境地に達することが他の武道よりも切望されると感じられるのである。日本という国は、武道の国であり武道の国を支えてきたという事実（歴史を形成してきたこと、人間が育んできたこと）を一時でも忘れてはならないのである。

第二節　国家と武道家

今日まで教育の分野で影響を与えている古代ギリシャの思想、特にその中でギリシャの哲学者プラトンのいう「理想的な国家の教育」では次のように主張していた。

「初期の教育では、音楽と体育を重視すべきで、音楽は言葉を伴うことが大切」であるから、レトリック（言葉の語り）が大切であると説明した。このことは近代の西洋に限らず、世界中の教育的模範とされているのだ。日本がいつからか正確には判断できないが、恐らく野球やサッカーなどのスポーツが盛んになったことでカタカナ文字が頻繁に使用されて、英語と日本語が混合しあい、更にはローマ字が入れ交じっての混乱に陥って日本語が乱れだしたような気がするのだ。

〝理想的な国家〟は教育という最も重要視するべき分野を、軽んじて不適切な使用を是正することなく今日に至り、流行語を生み出し、流行語大賞などという軽率な行事を平然と実行して日本中の人間が舞い上がっている。この様な姿は、海外から見れば、自分たちの母国語を大切にしない人種、とも見られるのだから、十分に気を付けるべきと誰もが感じて、日本語が下品になるような変遷を防ぐべきではないだろうか。

国家の教育者が今日、存在しないようでは、日本語も日本という伝統ある国も堕落する。今こそ武道家の優れた思考の下で、正しい道を提示して、導いて欲しいと切に要望する。国家もこのような、日本と日本人の品性を正しくする取り組み、例えば「哲学と倫理」の授業を取り入れ、体育では「剣道」

を採用して、基礎的な体力づくりには男女混合（勿論、小学低学年に限定する）の相撲を行うなどの対策を検討するべきである。これは一部でいうところの、戦争の準備とか封建制とは全く異質のものであり、ましてや軍国主義などとは基本からして異なる政策である。剣道の道場が正当に武道の精神を先生が見本を示して教育し、先生本人が一貫しての指導、営利ではなく、剣士や生徒、日本と日本語のために行うことだから国家からの助成は当然であろう。久明館のように、六十二年間ひたすら、日本人と海外人のために、武道という日本の輝かしい文化を正しく指導している先生は世界でも存在するであろうか。なぜ、何の理由があって日本という国は、日本語を日本人より上手に使用する外国の女性を弟子として育てた指導者を高く評価しないのか、世界中に自費で訪問して剣道という武道及び文化を普及させた師範に注目しないで称賛できないのか、これらを久明館という剣道場が行ってきた事実はなぜ認めないのか、本当に不思議な国家である。

日本国家は世界に誇れる武道を持ち、唯一原爆投下を経験しながら、見事に立ち上がった国家ではないのか。どこにあるのか自尊心。元気になって日本という国家を大切にする心を再考するべき時期に来ているのである。

もう一度誰もが感じてほしいのは、スポーツを熱心にやることは決して悪いことでも非難されることでもない。

だが、日本人として何かの大会に勝った時の異常なはしゃぎぶり、あるいは負けた時の沈んだ表情が極端すぎはしないか。

「勝って兜の緒を締めよ」とか「奢る平氏久しからず」などの格言を選手や指導員は忘れ去ったのか。

日本人なら勝った時は負けた相手を讃えて、感謝する気持ちを持てないのだろうか。負けたときには勝った勇者に賛美を送りながらもいつかまた「もう一度挑戦させてください」と謙虚に、感謝の心を示すことは不可能だろうか。このような態度で試合に臨むなら、結果は二の次として堂々とした参加者の中でも武道の精神を感じさせることで、かつての日本人の善さが明確に表象されているとの評価がされることであろう。

日本は、産業国としては世界で上位に地位を占めているが、日本人としての伝統や文化、これらとともに育んできた武道の精神というよりも日本人の心の在り方は、喪失はしていないかもしれないが、姿や形に僅かな影が見られる程度である。これでは、日本人の善さもないが日本人にとって何もない状態と言えなくもない。つまり簡単に言えばどこの民族なのか、何を考えているのか、どこを目指して努力していく人間なのかが、判断付けようがない。

日本全体で身近に迫ったオリンピック及びパラリンピックを成功させ（莫大な利益を獲得すること）、メダルを他の国より多く取得して単純に優越感を持ちたいだけのようである。これは正しい日本人の発想ではないし、見本となる行為ではなく、改めるべき態度といえるものだ。数少ない武道家は、今こそ先頭に立って、盛大な行事の前に日本のあり方を問いただし、被災地で仮設住宅暮らしの方々に援助を送ることや、災害対策や少子化問題（いじめ問題、不登校児の解決策）、更には、青少年の教育全体の改革などについて、武道家が意見を積極的に提案して、各地の教育委員会も真剣に取り組むべきである。重要なことは、知識人だけではなく武道家が参加し、学校や自宅で見せない少年少女の素顔を科学的に分析して、武道家による生きた実践の鍛錬と精神修業を組み込んだ教育を速やかに実行する必要があると認識して、一日も早く実行に移し、少年たちの問題を解決させるべきだと考えているのである。

終章

日本人形成と武道

第一節　未来の日本人

日本ほど毎日のようにスポーツニュースを取り上げて、大会で優勝すれば新聞に大きく取り上げられてあたかも一大英雄になったかのごとく讃えられる国も少ない。海外の先進国であるアメリカ合衆国やイギリス、フランスでは、政治や犯罪事件、世界の出来事よりスポーツを優先されての報道は少ない。日本がかつて昭和の最後の頃までは、治安が良くて、医療体制もとられ、人間は優しくて、町はきれいだから日本に住みたいと笑顔で語った外国人は、多かったようだ。

剣道の師範で武道家のチェコスロバキアのスターニャ女史は、「日本で本物の武道の技術と武道精神を習得したい」

との強い意思で費用を何年間も貯蓄しての来日であった。彼女は母国で空手を指導していたために、当初は都内にある伝統空手の道場に見学に訪れた。だが、礼儀作法ができていなかったことと言葉遣いや気配りが不完全で、幻滅してしまい、剣道の久明館に足を運んで納得してから入門したのであった。

久明館の礼儀作法は確かに厳しい。厳しすぎるかもしれないが子供たちにとっては勿論、一般人においても自己のたゆまない精神修業には最適なのである。現実の社会には、苦しいからといって楽なことには変えられないし、これが嫌だからと言って自分の都合だけの仕事はないのだから、普段から忍耐力と精神力、挑戦する意欲などを訓練する必要になることを大人は知り得ているし、誰もが否定できないのだから逃げることなど考えるべきではない。

これ以上の便利な社会を望むことより、人間性として自分のことと同じように他人に対して優しさを持ち、単に利益だけにとらわれず本来人間が持ち得ている、「感謝の心、思いやりの精神」（愛）を育む教育が必要なのである。このような教育は日本人というより世界中の人の心の在り方に言及する重要な観点である。この時には、学校の教師が中心となるより武道家のような人間教育のできる指導者が適任となり、久明館のように多くの体験が最高の教材であり、真の教師となるに違いない。武道家の活躍の場所は道場とともに、山岳や海辺そして海外の自然の中で生きた実践的な人間教育といえるものである。

第二節　人間形成論　古典から現代

古代末期の思想家でキリスト教の確立者アウグスティヌスは、「人間は人間を教育できない、ただ記号を伝達するだけである」として、キリスト以外には教育者になれないと断定して大きな反響を呼んだ。これは人間は罪深い存在であるから、神でなければ人間を教えられず、人間の教師は不要ではないが不可能として神の信仰を強調したのであった。一方で、トマスアクイナスは、「習慣と徳の形成」が重要であり、「知恵の探求は遊びに似て楽しいこと」であると主張した。前者は、「意思」の在り方を重視して教師は生徒に記号で教え、記号以前では真理の探究がなされて人間らしくなっていくとした。しかし、後者は恩恵と努力で人間化されて人間らしくなると言ったのだ。

解りやすく言えば、人間は自分一人でできることは少なく、誰かの指導力による偉大な人間を超えるような人材の指導が不可欠であるとした。一方で、十九世紀プロイセンのフンボルトという教育者は、「相互作用」を主張して、疎外という状況から帰還することで人間は成長するが、その場合には言語が重要な地位を占めるというのだ。この様な古典的な人間形成の思考では、重大な関わりとして教育論が欠かせない。武道の指導において、これらに当てはめてみる時に、言葉による解りやすい解説と実践で指導して人間教育（教育は結果的に人間形成に直結している）していることが理解できる。

子供については十八世紀から十九世紀に生きた英国の政治家ジョンロックは、「子供は白紙状態」とし、習慣によって訓練させるべきと説明した。このような習慣づけの方法では、何よりも経験させることが最適であり、人間の成長に必要なことと考えた。更には、ロックは習慣形成が、「学習」を遊びとだまして教え込むという段階に至り（観念連合）生得的な能力を引き出すことになると主張したのだ。剣道の稽古に置き換えれば、竹刀を持って遊びながら始めて、「面を打ってきたらどうするか」とか「思い切り腕を打ちそうになったとしたら」などとだますというより仮想の相手を例えての技術指導による実践指導をいうのである。

近代になるとフレーベルによる「幼稚園教育」は、子供教育の低年齢からの教育であるが、学校教育に変わり家庭教育の重要性を展開して、教育方針を大きく転換させた。

教育は十九世紀に初めて義務化に向かったが、ドイツのヘルベルトが「管理、訓練、教授」を主張して、更に哲学をも含むべきと唱えたのである。この思考は、現在にまで教育及び教育学に多大な影響を与え、近代の人間形成に貢献した。しかし、現代は管理にしても訓練にしても社会が複雑になりすぎて、教育委員と教師に大きな課題を突きつけているだけで何も解決されていない。「教授」に至っては、どの指導方法が最善なのか、どのようにするべきか、再び試行錯誤に陥って、日本の教育（人間形成）は、方向性を持たないままで進行しているのだ。

これらを統合的に考慮するなら、今だからこそ武道の精神と道徳教育あるいは哲学の採用を検討すべきである。これこそ一番に日本が取り組む課題と認識して、日本人と日本を格式高い地位に戻したいと願うのである。

もはや日本自体に武道家が、消滅してしまうように思われる。小学生時代から男女共にボールを追い、グループで競技を行い、これらができないと仲間外れになってしまうのだ。もしかしたら、いや一部であるが知識人の一部は、「いじめや仲間外れ、グループに入れない」などの問題は、学校自体が作り出しているのではないか、ということを主張しているのである。長年にわたり、教師が先頭でホワイトボードに書き込んでいるかスライドを見せての窮屈な空間の一方的な授業が生徒を退屈させイラつかせているると感じるのは決して穿った見方とは言えないであろう。

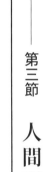

第三節　人間形成論

幼児期から育まれる思いやりの心や相手への気遣いなどは、個人の精神に育成されるから武道の苦しい修行に打ち勝つことで発見できるし、自然に身につくのである。スポーツは礼儀と規則に忠実ではあるが、それはあくまで形式であって心の奥底から相手を見つめて冷静な判断での行為と同一のものではない。日本は唯一の被爆国であり、小さな島国で、人口密度も高く大都市に集中して産業を発展させてきた。この日本には、歴史と伝統が息づいて豊かな文化や武道を人間の奥底に武道精神を確立させて継承しているのである。日本が高く評価されてきた最大の理由が、武道精神にあったことをすべての国民は忘れてはならない。この様に思慮するなら自ずと武道家は必要な存在であり、日本という国家を名乗るのであれば絶対に不可欠のものなのである。

武道家は、相手を疑わないし、相手をまず善人として尊重する。そのことが本人に不利益を及ぼしてしまうことが少なくない。事実、久保昭館長は石垣島の土地購入、アメリカの土地の売買、埼玉道場の土地と建物購入と建設では業者や銀行、仲介者の権力者には、見るも聞くも悲惨そして残酷な仕打ちを受け、憤りさえ覚えるのである。これが実際の現況であるから、武道家を誰かが（国家が当然に助成するべきであるが）、援助あるいは救援しなければならないのだ。日本の国は、なぜ、武道と武道家に積極的な活動と実績を理解して賛辞を送らないのか。日本の誇りとして称賛に値するものだと思考できないのだろうか。早急に手を打つべきではないだろうか。ここに提唱することは、日本の尊厳と自負を持って伝統の文化で、格式高い人間の心を追求して青少年少女の形成に重大な役割を果たしている武道とその実践者武道家を保護することを願っていることである。

日本人で武道家は僅かな存在でしかないので、海外の武道家をここに紹介し、日本の武道家への参考と知識人への武道理解に啓発を促すことにする。チェコスロバキアのスターニャ女史はその代表でもあるが、特に優れた人物を取り上げる。

ロシア・エカテリンブルグ館長ニコライ氏は、剣道の魅力に幼少期に接して、久明館の内弟子で厳しい修行を経験、寒中でも素足で千回の素振りから始め、トイレ掃除に道場の床磨き、武道具の修理、五百本の竹刀の手入れ、武道と剣道の歴史全てを習得しての、母国で道場開設。日本人にない勤勉さと研究心は、彼の右に出ることが不可能である。ロシアから何日もかけて日本に来れば、誰よりも早く道場で稽古し、掃除して初心者のように謙虚に修行を怠らないのである。

ヨハネスブルクの剣道家バスター氏は、稽古は量でも質でも最先端の人間で、最近の審査で七段を取得。彼は日本人が忘れかけた、「感謝の心、師への恩、一度自分が決めたことは絶対に貫くという強靭な信念」を維持している。その実力であっても、決して相手を侮らない、試合に勝っても負けても心から相手に礼を尽くす、その態度は武道家そのもので清々しい姿である。

中国煙台館長・邱棟氏や中国温州館長黄維立氏は、中国の武術家でありながら剣道の奥深さに魅かれて道場を開設、時間がないほどに多忙な地位にあっても毎日六時間の稽古を欠かさないという熱心な指導者である。一見して、中国武術と剣道は別物と受け取れるが共通点は多く、基本的には異ならない精神修行であると断言した。中国という国家は意外に自国の伝統文化以外を受け入れないようながら、善いものとして認めれば徹底した活動を実行すると言われるがその通りである。中国人に関しては、武道、武術の真実を理解する人間は、十三億の人口に対して日本の一億では比べようがないが、健康や護身、精神を鍛えるには最適と考えているようである。

日本人を中国人は理解することできるであろうが、民族的に類似してはいるものの、心から交流することは不可能だと一般的に判断されている。理解しあえるまでの交流をしていないからであり、「剣の精神」を十分に語ることができていないから違和感が発生するのであろう。武術の国中国には、剣道の精神を理解していただくことが日本武道の運命を左右すると言っても言い過ぎではない。

久明館の指南役載晶莉女史は、気品と質素、謙虚、誠実を持ち得ている剣士で、外国語を同時通訳できる国際武道家である。彼女は遠方から剣道具一式を、猛暑日であれ、極寒の雪の中でも痩身の肩に下げて通ってくる勇ましい女傑である。日本の女性が化粧上手に着飾る姿とは真逆に、瞳を輝かせて竹刀を上段から斬り下げたのだ。女性の魅力を外観で判断することや仕草で決定することはできないが、一般に派手な衣装が普通になっている現在をみれば、化粧がない姿は心から全てが表明されているようで、しかもその女性の両方の青眼が光っていたから、美しさは格別であった。

それでは、日本に武道家、特に女性には皆無であるか、と言えば数名ではあるが存在しており、深江芳江、高橋悦子女史などは久明館で活躍している最後の武道家ともいえるであろう。これからの日本に、国際的に重要な立場を占めるために日本の武道を推進させて欲しいと願うばかりである。

これまでに武道家がもはや日本には、存在しても数少ないことは理解できたかと思われる。日本には必要な武道家を育てるにはどうしたらよいかというと、それは難しいことではない。家族で武道を行うことである。久明館では「家族で剣道をしましょう」と積極的に大勢の知人や友人の参加を呼び掛けているのだ。これは家族や友人の交流と親睦に深みを増すから人間の心の奥まで理解しあって絆を深めようとするものである。空手の戸邉家族が一家八人で稽古していて、家族間の連帯と信頼関係が一層堅固なものに育成されていることは、事実として認められていることを忘却してはならない。

第四節　人間形成武道論

どんなに世界が産業界での発展を実現できても、人間の仕事をロボットが変わっても、ロボットによる仕事が増えても、そこには必ず人間が存在し、人間中心の社会であるのは否定できない。それ故に人間が人間と交流して、活動していくことで社会は変えることが可能になるのだから、個人の役割は今以上に複雑になり、疎外感や社会への嫌悪感も増えていくだろう。ここに「武道精神」が一人の人間として生きることに関わりを持つことが勇気につながり、元気の源になって日本社会を支える一員に成長するのである。

武道こそ人間が人間として生きていく、原点の精神を獲得する必要が生じてさせるもので、それによって生き生きとした人生を送ることが可能となるのだ。これまでに多くの体験を通しての、久明館の実績と功績は武道精神と武道家を育てて社会貢献に寄与したことを証明している。人間には何が一番大切か、生きる意味とは何かを考えたとき、自己の中から、「武道精神が人間を形成していくこと、同時に人間にとって最高の善が武道」であると解答されるはずである。個々人の賢明な判断を期待したい。

第五節　人間形成武道論と日本

日本がこれまでに発展した理由は、一般的には生真面目さと誠意ある態度、礼儀、謙虚さにあったと誰も否定しないであろう。日本は戦後に復興を遂げて、世界の国と並ぶような産業大国に成長した。毎年八月十五日に終戦を語り、終戦の結果を受けて平和宣言を実行するが、この日を過ぎればまるで何もなかったかのようにスポーツに注目して金メダルを確保したとか、アメリカ大会のゴルフで優勝あるいは日米野球で誰が活躍したとかがマスコミをにぎわすのだ。ここにはかつての日本人の姿勢や思想は無関係で、ただ他国よりも何か—主にスポーツであるが、上位になったことで感激していること以外にない。ここで武道の精神がないから呆れるのではないが、日本は他国とは異なるのだから、勝って騒ぐことはしない方が勝った本当の意義があると感じないのが不思議である。勝つということは、負ける相手がいたから勝つことになったのだ。相手への感謝を忘れ去ってはいないだろうか。

日本の歴史を忘れてしまった日本人に、「奢る平氏久しからず」や「勝って兜の緒を締めよ」、「相手に勝つより自分に勝て」などの格言は、もうこの日本には必要がないのか、あるいは機械化された現在には無意味なのであろうか。そのように結論を出してしまう日本人は多いはずだ。しかし、本当にそうであるなら人間関係は希薄になって凶悪な犯罪や無差別の傷害事件が発生することになるだろう。人間を動物から人間にするためにも、武道の精神（教育）及び真の武道家は人生に不可欠なのである。これが本当の意味で、生きることの意義を発見して、世界への貢献につながるのである。久明館の剣道は人間教育の場として、日本の象徴としても存在して継続することが日本を救う唯一の手段として信じて疑うことがないのである。

久明館の二代目館長が、長年の体験と知識、海外の武道家並びに一般人と交流したことは、「剣は国境を越え、世界平和に貢献できること」であるといえる。いつの世でも人間の存在と武道の精神は一体であることを断言できるとの結論に到達したのだ。

読者及び武道愛好者並びに関係者、出版にかかわる人達に篤く感謝致します。

〈参考文献〉

武士道サムライ精神の言葉　笠谷和比古　青春出版社
武道の復権　南郷継正　三一書房
居合抜刀道　中村泰三郎・高橋華王　体育とスポーツ出版社
武術史研究　綿谷雪　武芸帖社
教育の歴史　佐藤秀夫　放送大学教育振興会
教育思想史　今井康雄　有斐閣
宗教の歴史　幸日出男　創元社
神道　W・G・アストン　安田一郎訳　青土社
日本精神の研究　安岡正篤　致知出版社

久保昭創刊号　久保昭　久明館
久明館四十周年　久保昭　久明館
剣道一路　高野茂義　産業経済新聞社
高杉晋作　吉村康　東邦出版社
山岡鉄舟　岩崎栄　日本出版放送企画

おわりに

生きることの本当の目的は、個人によって異なり誰も同じように生きているのではない、との声が聞こえてきそうである。しかし、全員ではないが大部分の人が言うだろう。「金のため、名誉のためではない」と迷わずに力を込めて叫ぶはずだ。山岡鉄舟が、「名誉も金も名前もいらない」と言い切ったように。だが現実はこの様な理想的な生き方では成り立たないのだ。子供の保護者は、スポーツ選手に育てて有名な大人に仕立てようと必死になる。また子供が出世できるように、有名大学に入学し、公務員や有名企業に落ち着くように最大の努力するのだ。先進国で資本主義の社会である日本では、避けられない道程ということも当然ではあるだろう。

日本に限らないが先進国の暗部を見れば、青少年の犯罪や決して減少しない詐欺犯罪、上級公務員の汚職と横領、ネット犯罪、学校崩壊といじめ等無数の事件がマスコミを賑わせて後を絶たない。子供たちの教育にデジタル化したシステムが本当に最適なのか、子供たちにとってスマートフォンが必需品なのか真剣に検討すべきではないのだろうか。あるいは現在の教育に狭い教室での小さな肩苦しい机での姿勢を保って一方的な指導は果たして正しいことなのか。教育関係者は検討すべきだと思われるがいかがだろうか。

スポーツは競技中心であるが、勝敗だけにこだわるのでなく、相手への思いやりと尊敬があってこその価値があると思われるのだ。かつて競泳で活躍した現在スポーツ庁の長官鈴木大地氏は、私がテレビのディレクター時代にお会いしたが礼儀正しくて態度や言葉も品格があった。だからこそ現在も第一線で活躍されていると頷けるのである。武道家ではないにしてもスポーツ選手が武道家と呼ぶにふさわしい場合もないとは限らない。大切なことは、人間の尊厳を持って堂々と生きる姿を見せてほしいものである。

剣は「両刃の刃」と言われるように、刃は自分にも向かっていることでその扱いには十分な心構えが大切なのだ。剣の使用方法では、悪事にも正義にもなり得るという危険な武器であることが、何か人間の人生の難しさを語っているようにも思われるのである。

剣の道に生きている久保昭は、純粋な昭和、平成、令和の最後を飾る武道家でありながら哲学者のようでもあるのだ。それは剣の道を全うすることで、形而上学的な思考を剣に求めてひたすら剣だけに生きて「生きる」事を追究して横道にそれないこと、少しのブレもないのであるからだ。それでは「人間が生きるとは何か」、との問いには次のように答えるに違いないことは明白だ。「生きる」とは、悪と正の両面がある人間が、強さと優しさを持って客観的な立場から正しいことを行うことなのだと。

この書が、多くの困難に出会って逆境のまっただ中にいる人に、勇気と希望を差し上げられ何かの励みになることを切望する。

本書のために尽力して下さった剣道関係者、武道に励んでおられる方、久明館の剣士一同及び空手、柔道関係者、BABジャパン、東口敏郎社長に厚く御礼申し上げる。

また、久保昭館長の知人、故木暮優治氏（株式会社クエスト創設者）に感謝申し上げる。

２０２０年８月

大田 学

著者略歴

大田 学（おおた まなび）

1956年生まれ　常陸太田市出身　中央大学法学部写真学校卒

９歳から空手と柔道、剣道を始め、水戸光圀公の地元太田第一高校でボクシングと玄制流空手を習う。在学中に極真空手総本部に入門。内弟子修行して第八回全国大会に出場。東映映画に飛び蹴り火縄くぐりで出演。俳優の真田広之やマッハ文朱を指導。中村忠会長の誠道塾、中国少林寺、沖縄剛柔流の直系八木明徳先生を訪問。

武道雑誌『武神』編集長。

2004年　高齢者に可能なカンフーカラテの正武會館設立。青少年育成に尽力中。

2019年　大田プロデュース学會設立　代表

著書：『挑戦』『太陽の使者』『荒野の白虎』『武神24号』『武王５号』等

ビデオ制作多数　映画４本

装幀：谷中英之

本文デザイン：中島啓子

人間と剣の哲学的思考

剣道家・久保昭の清廉なる武道人生

2020年9月10日　初版第1刷発行

著　　者　大田 学

発 行 者　東口 敏郎

発 行 所　株式会社ＢＡＢジャパン

〒151-0073 東京都渋谷区笹塚 1-30-11 ４・５F

TEL　03-3469-0135　　FAX　03-3469-0162

URL　http://www.bab.co.jp/

E-mail　shop@bab.co.jp

郵便振替 00140-7-116767

印刷・製本　中央精版印刷株式会社

ISBN978-4-8142-0336-9　C2075